삶을 놓치지 마라

ANSELM GRÜN
VERSÄUME NICHT DEIN LEBEN!

© 2016 Vier-Türme GmbH, Verlag, D-97359 Münsterschwarzach Abtei
All rights reserved.

Translated by WHANG Mi Ha
Korean translation copyright © 2018 by Benedict Press, Waegwan, Korea.

Korean translation rights arranged with Vier-Türme GmbH, Verlag.

삶을 놓치지 마라

2018년 9월 27일 교회 인가
2018년 10월 18일 초판 1쇄
2019년 10월 25일 초판 3쇄

지은이	안셀름 그륀
옮긴이	황미하
펴낸이	박현동
펴낸곳	성 베네딕도회 왜관수도원 ⓒ 분도출판사
찍은곳	분도인쇄소

등록	1962년 5월 7일 라15호
주소	04606 서울 중구 장충단로 188 분도빌딩 102호(분도출판사 편집부)
	39889 경북 칠곡군 왜관읍 관문로 61(분도인쇄소)
전화	02-2266-3605(분도출판사) · 054-970-2400(분도인쇄소)
팩스	02-2271-3605(분도출판사) · 054-971-0179(분도인쇄소)
홈페이지	www.bundobook.co.kr

ISBN 978-89-419-1817-2 03230

이 책의 한국어판 저작권은 Vier-Türme GmbH, Verlag과 독점 계약한 분도출판사에 있습니다.
저작권법에 의해 한국 내에서 보호를 받는 저작물이므로 무단 전재와 무단 복제를 금합니다.

안셀름 그륀 지음

황미하 옮김

삶을 놓치지 마라

분도출판사

차례

여는 글 7
1 안전장치 15
2 의미 결여 39
3 나르시시즘적 관상 61
4 자신의 주위만 맴도는 사람들 81
5 많은 것을 갖춘 중년들 95
6 진정으로 살지 못한 노년들 109
7 나는 뭔가를 놓쳤다 123
8 약물로 안정을 구하는 사람들 137
9 사랑을 놓치지 마라 155
10 그리스도인의 희망 161

닫는 글: 삶의 바다를 계속 항해하라 191

참고 문헌 197
옮긴이의 말 199

일러두기

신약성경 인용문은 『200주년 신약성서』(분도출판사, 1998)를 따르되 드물게 문맥에 따라 다듬었습니다.

여는 글

최근에 사람들과 대화를 나누나 보면 자신의 삶을 놓친 이들을 많이 만납니다. 그런 사람들은 안전장치만 마련하는 탓에 앞으로 나아가지 못합니다. 뭔가를 시작하거나 구직 활동을 벌이기에 앞서 이런저런 교육을 받으려 합니다. 40대가 되어서도 새로운 직업교육을 받는 이들까지 있습니다. 그들은 제대로 일해 본 적이 아직 없습니다.

나는 삶을 놓치고 있다는 인상을 특히 젊은이들에게서 받습니다. 고등학교를 졸업하는 이들에게서도 새롭게 출발하는 분위기를 느끼기 어렵습니다. 1964년에 고등학교를 졸업했는데, 당시 내 마음이 어땠는지 지금도 떠올릴 수 있습니다. 나는 세상을 변화시키고 싶었습니다. 교회를 쇄신하고 예수님의 복음을 새로운 언어로 전할 꿈을 품었습니다. 열정이 날 움직였습니다. 그런데 이 같은 열정을 오늘날 많은 젊은이에게 볼 수 없어 아쉽습니다. 오히려 겁내거나 체념한 듯한 분위기가 있습니다. 그들은 모든 것을 힘겨워합니다. 용기 내서 무언가를 주도하지 못합니다.

물론 이런 모습을 일반화하고 싶지는 않습니다. 삶에 도전하는 젊은이들, 한동안 외국에 머물며 견문을 넓히는 젊은이들도 적지 않습니다. 그들은 우리 세대가 젊었을 때보다 더 활동적입니다. 스페인이나 덴마크, 미국, 아시아 등지에서 공부하고 또 과감히 현지에서 몇 년간 일도 합니다. 그리고 젊은 날의 우리 세대보다 세상 경험도 훨씬 폭넓게 합니다.

나는 다음과 같이 말하는 노년들도 많이 만납니다. "저는 제대로 살지 못했습니다." 그들은 자신이 경험해 보지 못한 삶을 슬퍼합니다. 나이가 한참 든 이제서야 삶을 놓쳤음을 깨닫습니다. 그러면서 죄책감과 쓸쓸함에 곧잘 사로잡힙니다. 삶을 지나쳐 버렸으며, 아무것도 이룬 게 없다는 기분이 들기 때문입니다. 그들은 삶을 진정으로 살지 못했다고 말합니다. 80세가 된 한 여성도 지금껏 주도적으로 살지 못했다며 내게 하소연했습니다. 늘 주변에 순응했을 뿐이라고 했습니다. 감정에 충실한 적도 없고 꿈을 펼치지도 못했다고 자각하며 슬퍼했습니다. 나는 이 여성에게 삶을 시작하기에 너무 늦은 때란 없음을 일깨워 주려 했습니다. 그는 자신이 살아온 삶을 존중해야 합니다. 그것이 본래의 삶이 아니었다는 생각이 들더라고 말입니다. 하지만 그는 자기 나이가 80세임을 거듭 강조했습니다. 비록 제대로 살지 못했더라도 그는 자신이 겪고 있는 바와 살아왔던 삶을 자각해야 합니다. 그러고 나서 자신의 삶을 배경으로 삼아 이 세상에 고유한 자취를 남겨야 합니다. 이제부터 삶을 새로 살기 시작한다면 그동안 경험해 보지 못한 삶이 자기 삶의 일부가 되고 생기도 얻을 것입니다.

'놓치다'라는 뜻이 있는 독일어 '페어조이멘'versäumen을 묵상하다 보니 이 말이 옷의 술이나 솔기(Saum)와 연관이 있다는 생각이 들었습니다. 그런데 『두덴』*Duden*(독일어 정서법, 동의어, 어원 등을 정리해 놓은 사전_옮긴이)을 보고 그 의미를 더 명확히 알게 되었습니다. '주저하다', '지체하다'라는 뜻이 있는 독일어 '조이멘'säumen은 어원이 알려져 있지는 않지만, 중세 고지高地독일어(12~15세기 독일 남부에서 사용한 독일어_옮긴이) '주멘'sumen과 관련이 있습니다. 이 동사는 '저지하다', '가로막다', '방해하다'라는 뜻으로, 과거에는 누군가 혹은 무언가와 관계된 경우에 사용되었습니다. 여기서 중세 고지독일어 '페어주멘'versumen이 나왔고, 이에 따라 현대 독일어 '페어조이멘'은 '무언가를 이용하지 못한 채 없어지게 하다', '놓치다', '누군가를 지나가게 하다'를 의미합니다. 또한 형용사 '조이미히'säumig는 '느린', '굼뜬', '늦은'을 뜻하고, 명사 '조임니스'Säumnis에는 '지체'라는 뜻이 있습니다.

그림 형제Brüder Grimm가 펴낸 사전을 보면 '놓치다'(versäumen)란 단어의 용례가 다양하게 나와 있습니다. 마르틴 루터Martin Luther는 사람들이 어린이와 청소년을 '놓친다'고 말합니다. 어른들이 어린이와 청소년을 소홀히 대한다는 것입니다. 루터는 많은 사람이 젊음을 '놓친다'고 말합니다. 젊음을 활기차게 보내지 못하는 사람이 많습니다. 그들은 남들의 기대에 자신을 맞춥니다. 루터는 '놓치다'란 말을 사물이나 사건과 관련해서도 씁니다. 우리는 미사를 놓치지 말아야 합니다. 하느님의 은총을 놓치지 말아야 합니다. 그렇지 않으면 자신의 삶에서 본질적인 것을 놓치게 됩니다. 또 루터는 선善을 놓치고 소홀히 해서 자기 자신을 지나치며 살아가는 사람들이 있다고도 말합니다.

기회를 '놓치는'(versäumen) 사람은 중요한 것을 '놓칩니다'(verpassen). 그런 사람은 삶을 놓치는데, 삶이란 게 자신이 상상한 모습과 어긋나기 때문입니다. '놓치다'를 의미하는 또 다른 동사 '페어파센'verpassen이 17세기에는 카드놀이를 할 때 주로 사용되었습니다. 그래서 '놀이할 기회를 지나치다', '놀이를 포기하다'라는 뜻이었습니다. 오늘날도 사람들이 스카트Skat(세 명이서 32장으로 노는 카드놀이_옮긴이)를 할 때 이 단어를 씁니다. 화가 나서 함께할 마음이 없어지면 이렇게 말합니다. "이번에는 거르겠어."

나는 삶이 자신이 상상한 모습과 어긋나서 삶을 놓치는 사람들을 많이 만납니다. 그들은 지칠 줄 모르고 기다리지만 사실 자신에게 맞는 삶을 결코 찾을 수는 없습니다. 그들은 무언가 늘 트집을 잡습니다. 그들은 삶이 맞지 않으니 삶을 지나쳐 갑니다. 삶이라는 놀이를 포기합니다.

'주저하다', '지체하다'에 해당하는 라틴어 '타르다레'tardare는 '느린', '둔한', '지체하는', '무딘'을 뜻하는 형용사 '타르두스'tardus에서 나왔으며, 본래 무언가를 '가로막다', '방해하다'를 의미합니다. 나는 생기를 가로막습니다. 나는 무언가를 손에 넣기 주저합니다. 그래서 내 삶을 송송 놓칩니다. 구약성경도 이러한 태도에 관해 언급하며 이를 비판합니다. 집회서는 경고합니다.

> 주님께 돌아가기를 미루지 말고
> 하루하루 늦추려 하지 마라(집회 5,7).

여기서 늦추는 것, 놓치는 것은 미루는 것과 연관이 있습니다. 이는 많은 사람이 겪고 있는 고민거리입니다. 그들은 중요한 결정을 미룹니다. 또 마음이 편치 않은 일을 미룹니다. 미루면 미룰수록 내 앞에 서 있는 산은 점점 더 높아집니다. 그러면 산을 파 옮기는 일을 엄두도 낼 수 없습니다.

인간은 지체하지 말아야 합니다. 그리고 하느님의 도움을 받아서 지체하지 않도록 기도해야 합니다. 시편 작가도 하느님께 "지체하지 마소서"(Noli tardare)라고 기도합니다.

저의 도움, 저의 구원은 당신이시니
저의 하느님, 지체하지 마소서(시편 40,18).

한 해의 마지막 날, 수도원에서 성인들을 위한 영성 프로그램을 열었습니다. 일흔 명 정도 되는 젊은이가 왔는데, 나는 '경계를 건너는 인간'이란 주제를 강의하다가 곧 새 책을 쓸 거라는 말도 하게 되었습니다. 제목이 '삶을 놓치지 마라'라고 하자, 이내 질문이 쏟아졌습니다. "그 책은 언제 출간되나요?" 그때 나는 이 주제가 많은 젊은이의 마음을 움직인다는 사실을 깨달았습니다. 나도 잘 알고 있습니다. 지금 내가 지각하고 있는 현상에 대해 책을 쓰는 것은 그저 하나의 시도일 뿐입니다. 그럼에도 그 프로그램에 참여한 이들이 보여 준 큰 반응에 힘입어 이 책을 썼습니다.

나는 '놓치다'라는 주제에 집중하려 합니다. 이 주제를 놓고 사람들과 대화를 나누다가 내게 의미 있게 다가온 점들을 풀어놓으려 합니다. 여기서 나는 누구도 비판하고 싶지 않습니다. 이 책에서는 그동안 내가 본 현상들에 대해서만 기술할 것입니다. 나에게 또 중요한 것은 우리가 어떻게 해야 삶을 모험할 용기를 되찾을 수 있는지 하나의 길을 제시하는 일입니다. 나는 이 길을 예수님의 태도와 마음가짐, 말과 행동에서 찾고자 합니다. 나에게 예수님은 힘이 넘치는 분이었습니다. 그분은 당신의 삶을 진정으로 살았습니다. 우리를 위해 당신의 삶을 걸었습니다. 그분은 당신 자신을 바쳤습니다. 당신의 삶, 목숨으로 값을 치르며 자신을 바쳤습니다. 그런데 바로 이것이 우리에게는 도전입니다. 삶에 뛰어들라는 도전, 뭔가를 놓치는 수동적 태도를 버리고 삶을 주도하라는 도전입니다.

I

안전장치

어느 일본 선사에게 이런 이야기를 들었습니다. 삶을 어떻게 꾸려 가야 할지 고민하던 젊은이들이 찾아왔습니다. 선사는 그들의 말을 듣고 깜짝 놀랐습니다. 그들은 삶에 도전하거나 어느 직업에 종사하는 게 아니라, 주저하며 이렇게 말했습니다. "세상은 불확실해요. 제가 이 회사에 들어가면, 누가 제 연금을 지불해 주나요?" 그들은 삶에 뛰어드는 게 아니라, 젊은 나이에 연금부터 걱정했습니다.

물론 이는 극단적 사례입니다. 그렇지만 나는 일부 젊은이들에게서 무엇인가 용기 내서 감행하지 못하고 주저하는 모습을 보았습니다. 어느 여성이 내게 한 대학생에 관해 이야기했습니다. 그 대학생은 스물여섯 살에 이미 사망보험을 들어 놓았습니다. 먼 훗날 자신이 묻힐 장소를 시립 묘지에 마련해 놓기 위해서였습니다. 그 여성은 대학생에게 사망보험을 고려하기 전에 먼저 자신의 삶을 살아 보라고 조언했습니다. 그러나 다른 사람들이 사망보험을 여태 들지 않은 것을 이상하게 여길 뿐이었습니다. 그 학생은 곧장 죽음만 생각하며 자신의 삶을 건너뛰었습니다.

무엇인가 주저하는 현상은 여러 영역과 관련되어 있습니다. 사람들은 먹고살기 위한 준비를 충분히 해 놓지 않았다며 불안해합니다. 그래서 제 딴에는 이런저런 직업교육을 받아야 하는 것입니다. 그러나 양질의 교육을 받을 기회가 아무리 주어져도 그것으로 끝낼 줄 모릅니다.

나는 40대에도 여전히 직업교육을 받고 있거나 아직 제대로 일해 본 적이 없는 남성들을 알고 있습니다. 그들은 삶에서 중요한 단계를 건너뛰었습니다. 그들은 지금 받고 있는 직업교육을 마치기만 하면 제대로 일하게 될 것이라고 말합니다. 그렇지만 그런 말을 들을 때마다 의심이 듭니다. 대체로 그들은 제대로 시작할 줄 모릅니다. 직업교육을 받는 것에만 익숙해 있어서 구체적인 일에 들어가지 못합니다.

경영학에서는 '인풋'과 '아웃풋'을 말합니다. 우리는 기업에 무언가를 집어넣어야 합니다. 그래야 다른 무언가를 끄집어낼 수 있습니다. 이것은 개인의 삶에도 적용됩니다. 우리는 무언가를 배우며 자신 안에 받아들입니다. 그래야 우리 안에서 무언가가 흘러나옵니다. 그런데 순전히 '인풋'만 하고 있는 것 같은 사람들도 있습니다. 그들은 언제나 더 많은 정보를 필요로 합니다. 컴퓨터 앞에 내내 앉아 인터넷을 검색하며 흥미로운 정보를 찾아다닙니다. 그렇지만 정보나 찾을 뿐, 뭔가를 주도하거나 세상을 가꾸는 방향으로는 더 나아가지 않습니다.

더 많은 지식과 정보, 안전을 향한 끊임없는 갈증은 그들의 생각, 이런저런 직업교육을 받는 그들의 모습에서도 드러납니다. 줄곧 교육만 받느라 정작 자신의 삶을 놓치는 사람들을 나는 보고 또 봅니다. 교육은 그들의 삶이 흐르게 하는 데 도움이 되지 않습니다. 그들의 삶은 열매를 맺지 못합니다. 계속해서 물만 주면 식물은 꽃피지 못하고 죽고 맙니다.

정보만으로는 살 수 없습니다. '인풋'이 있으면 '아웃풋'도 있어야 삶도 균형을 이룹니다. 내 안에서 아무것도 흘러나오지 않는다면, 삶을 위한 에너지를 아주 적게 쓰고 있다면 나는 내 안에 있는 에너지를 오랫동안 가로막은 것입니다. 그런 사람들은 늘 병들어 보입니다. 에너지가 밖으로 흐르지 못하니, 방향을 돌려 그들 자신에게로 향합니다.

과도한 안전장치에는 실제로 손해가 따릅니다. 직업교육을 너무 많이 받은 이들은 노동시장에서 취업하기 쉽지 않습니다. 과도한 능력을 갖추었기 때문입니다. 능력이 과도하니 아무도 그들을 고용하려 들지 않습니다. 높은 능력에 대해서는 높은 임금을 지불해야 하니 고용자가 꺼립니다. 직업교육을 너무 많이 받은 이들은 자신이 상상한 것과 반대의 결과에 이릅니다. 일자리를 찾지 못하거나, 적합한 일을 찾는 데 또다시 많은 시간을 놓치고 맙니다.

지나친 자의식과 부족한 자신감도 직업교육을 끊임없이 받는 현상의 또 다른 원인입니다. 어떤 이들은 평범한 일을 하기에는 자신의 능력이 너무 뛰어나다고 생각합니다. 자의식이 그렇게 강하니 더 이상 평범한 삶을 살지 못합니다. 그들은 단순한 업무까지 요구받는 일자리를 얻게 될까 봐 불안해합니다. 자신을 이미 부서장으로 여기면서 자잘한 일들을 하기 거부하고, 그런 식으로 높은 자리까지 올라가려 합니다. 또 어떤 이들은 직업교육을 하나 받고 나서 다른 직업교육을 다시 받으려 하는데, 아무것도 신뢰하지 않기 때문입니다. 그들은 교육을 받아야 이런저런 일을 해낼 수 있다고 말합니다. 하지만 교육을 받으며 불안도 자랍니다. 그런 불안은 일 때문에 자란 게 아닙니다.

평범한 일부터 해 보겠다는 겸손이 있어야 일자리를 찾을 수 있습니다. 내가 나를 받아들여야 나의 일을 바꿀 수 있습니다. 그래야 새로운 아이디어도 떠오르고 '더 중요하다는' 자리에 오를 수 있습니다. 예수님은 루카복음서에서 말씀합니다.

> 지극히 작은 일에 충실한 사람은 큰일에도 충실하고, 지극히 작은 일에 불의한 사람은 큰일에도 불의합니다(루카 16,10).

회사는 직원들이 더 크고 중요한 업무를 할 수 있겠다고 신뢰하기에 앞서, 일단 작은 일부터 맡겨 보기 마련입니다.

어떤 이들은 구체적인 직업이나 구체적인 업무로 인해 과도한 요구를 받게 될까 불안해합니다. 그들은 안전장치를 마련하려 합니다. 그런 업무를 떠맡게 되어 소진되지 않으려는 것입니다. 어떤 업무가 주어지면, 일단 그들은 일이 많은지 아닌지부터 따집니다. 즉시 계산해 보는 이들도 있습니다. '이건 내 업무량의 40퍼센트를 차지하고, 저건 60퍼센트를 차지하는군. 그러니 아무것도 더 추가해선 안 돼.' 그들은 자신의 한계를 넘는 일을 떠맡지 않으려고 안전장치를 둡니다. 그렇게 해서는 자신에게 어떤 능력이 있는지 결코 발견할 수 없습니다. 그들은 삶의 한계를 너무 일찍 그었습니다. 그래서 그 한계를 결코 넘어서지 못합니다. 그들의 삶은 스스로 정한 좁은 범위 안에서만 맴돕니다.

자신의 한계가 무엇인지는, 스스로 그 한계를 넘어 밖으로 나왔을 때 비로소 알 수 있습니다. 내가 수도원에서 재무 소임을 막 받았던 때가 떠오릅니다. 그때 나는 그 소임이 내게 무리한 일인지 따지지 않았습니다. 그저 착수했습니다. 나는 무언가를 움직이려 했습니다. 먼저 나의 힘을 시험하려 했습니다. 언젠가는 나의 한계를 알게 되어 선을 긋기 위해서였습니다. 나의 원칙은 내게 진정 필요한 것이 무엇인지, 내가 무엇을 내려놓을 수 있는지 분별하기 전에 마음껏 해 보는 것이었습니다. 그렇게 해 본 뒤에야 나는 내 한계를 올바로 그을 수 있습니다.

한계를 긋는 일은 중요합니다. 절제 없이 일하는 사람은 과도한 요구에 빠지기 십상이고, 어쩌면 소진 상태에 이를지도 모릅니다. 자신의 한계를 너무 일찍 긋는 사람 역시 올바른 길을 걸을 수 없습니다. 그런 사람은 늘 핸드브레이크를 걸면서 일하게 됩니다. 항상 브레이크를 밟고 있는 사람도 전진하기 매우 힘듭니다. 브레이크를 밟는 데 너무 많은 에너지를 씁니다. 이는 마치 차를 몰고 가는 경우와 마찬가지로, 정작 차가 앞으로 나아갈 에너지가 부족한 것입니다.

많은 사람의 경우 소진에 대한 불안은 스트레스에 대한 불평으로 드러납니다. 그들은 작은 일을 할 때마다 스트레스를 느낍니다. 아직 일에 들어가지도 않았으면서 일이 불러올지 모를 스트레스를 벌써 받습니다. 어떤 이들은 작은 부담만으로도 스트레스에 시달립니다. 오늘날 심리학에서는 '스트레스-병원화病院化'를 언급합니다.

나는 사망보험을 준비해 두는 젊은이들을 그들의 입장에서 이해해 보려 합니다. 이 불확실한 세상에서 그늘은 확실성이 필요합니다. 전에는 한 회사에 들어가서 성실히 일하는 것으로 족했습니다. 그러면 일자리가 보장되었습니다. 그런데 이제는 이 회사가 존속할지, 자신이 구조조정 대상이 되어 해고될지 알 수 없습니다. 지금 이곳에 머무를지, 해외로 파견되어 근무할지 불확실합니다. 이런 불확실성은 자신은 물론, 자신이 꾸릴지도 모를 가정과도 관련되어 있습니다. 또한 배우자 선택과 자녀 교육, 자녀의 성장 환경에도 영향을 미칩니다. 불확실성이 크니 확실성에 대한 욕구도 커집니다. 이는 내가 젊은 시절 겪었던 것보다 더 큽니다.

내 아버지는 스물다섯 살에 일자리를 얻지 못한 채로 루르 지역에서 바이에른주로 이주했습니다. 아버지는 건설업에 뛰어들어 자신의 회사를 세웠습니다. 그러나 전쟁이 끝난 뒤에 파산 신고를 해야 했습니다. 화폐개혁으로 지불 상태가 악화되었습니다. 아버지는 회사가 다시 돌아가게 하기 위해 안간힘을 썼습니다. 외적 조건이 불확실했지만, 아버지에게는 부딪혀 보는 게 당연한 일이었습니다. 1960년대 초에 이르러 아버지는 난관을 이겨 냈고, 이후로도 변화하는 시장 상황에 늘 대비해야 했습니다.

1950년대와 60년대에 독일에서는 개혁의 분위기가 감돌았습니다. 이런 분위기는 당시에 학생이었던 나와 친구들에게도 영향을 미쳤습니다. 우리는 돈을 많이 벌어 재력가가 되고 싶은 마음이 없었습니다. 새로운 사상으로 세상을 바꾸고자 했습니다. 나와 친구들에게 그것은 교회를 쇄신하는 일, 교회에 새로운 생각을 불어넣는 일, 복음을 새로운 방식으로 전하는 일을 의미했습니다. 우리는 새로운 것을 시도할 뜻을 품었습니다. 기존의 것을 이어 가는 일로는 만족할 수 없었습니다.

새로운 것을 시도할 뜻을 품거나 미지의 것을 모험하는 모습은 물론 오늘날도 젊은이들에게서 볼 수 있습니다. 하지만 나는 이제 고등학교를 졸업하는데도 자신이 무엇을 원하는지 여전히 모르는 젊은이들도 보았습니다. 그들은 절망한 채 미래를 내다보고 안전장치를 마련하려 합니다. 그들은 대학에 가서 공부를 해야 할지 주저합니다. 일단 유예 시간부터 두려고 합니다.

내 학창 시절을 돌아보면, 고등학교를 졸업한 뒤 유예 시간에 대해서는 생각해 보지 않았습니다. 나는 새로운 것을 해 볼 작정이었고, 졸업하자마자 수도원에 들어갔습니다. 수도원에는 도전하게 만드는 새로운 것이 언제나 있었습니다. 대학교에서 공부할 때는 가능한 한 부지런히 학업에 전념했습니다. 사람들에게 예수님의 복음을 새로운 언어로 전하기 위해서였습니다. 때로는 한계에 부딪치기도 했지만 나는 도서관을 오가며 현대 철학을 공부했습니다. 나는 현대 철학의 사상을 이해하고, 그 사상을 배경으로 그리스도의 복음을 전파하는 법을 터득하려 했습니다.

한 어머니가 내게 아들에 관해 털어놓았습니다. 아들은 고등학교를 졸업하고 1년 동안 유예 시간을 가지며 호주로 날아가서 그곳을 둘러보려 했습니다. 어머니는 이 계획에 전적으로 동의했지만, 1년 내내 재정적 뒷받침을 해 주지는 않고, 반년만 지원해 주겠다고 했습니다. 호주에서 무엇을 하며 먹고살지는 아들이 직접 찾아야 했습니다. 아들은 여행 계획을 짜기 시작했습니다. 그렇지만 이루어진 게 없었습니다. 아들은 줄곧 컴퓨터 앞에 앉아 이런저런 방법을 찾았습니다. 그러나 그런 식으로 유예 시간을 유용하게 보낼 방법을 찾기는커녕, 발을 내딛지도 못했습니다. 그렇게 아들은 계획을 짠다고 시간을 놓쳤지만 이룬 것은 아무것도 없었습니다.

물론 반대되는 사례들도 있습니다. 달려들어 무엇인가 시도하는 사람 역시 완벽해 보이는 것을 좇는 데 힘을 다 뺄 수 있습니다. 한 젊은 여성이 내게 얘기하기를, 자신은 예전에 호주에서 1년 동안 지냈다고 했습니다. 먼저 그는 여러 농장에서 일을 했고, 이어서 그 나라를 둘러보았습니다. 2년 전부터는 간호사로 일하고 있는데, 먼 곳에 대한 갈망이 다시 일고 있습니다. 이곳 독일에서는 모든 게 비좁게만 느껴집니다. 물론 호주에 머무는 동안, 그 나라가 자신이 정착할 만한 곳은 아니라는 것도 깨달았습니다. 그런데도 자신에게 자유와 지평을 열어 주고, 확실성도 보장해 줄 나라를 계속 찾았습니다. 그는 젊고 용기 있는 여성임에 틀림없습니다. 그러나 이 지구에서 자신에게 맞는 곳을 찾아내지 못할까 봐 불안한 나머지, 정작 삶을 놓치고 있다는 인상이 들었습니다.

이상적인 나라는 어디에도 없습니다. 자유와 지평과 확실성을 동시에 누릴 수는 없습니다. 무엇인가 내게는 늘 너무 비좁거나 불확실하기 마련입니다. 그 젊은 여성은 모든 가능성을 시험해 보려 합니다. 하지만 어떤 결정도 내리려 하지는 않습니다. 그러다가 언젠가는 가정을 이루려 해도, 경력을 쌓으려 해도 때가 너무 늦을 것입니다.

나는 그와 대화를 나누며, 먼 곳에 가서 행복을 찾는 그 용기에 감동했습니다. 하지만 또 한편 찜찜했습니다. '그 여성은 자신의 삶을 실제로 주도하게 될까?' '자신을 구속하지 않은 채, 무언가에 오랫동안 관여하지 않은 채 늘 새로운 것을 시도하도록 그를 추동하는 것이 뭘까?' 아마도 그것은 삶이 비좁아지는 것에 대한 불안일 것입니다. 나는 그런 불안이 이해가 갑니다. 나도 젊은 시절에는 책임을 떠맡는 게 불안했습니다. 하지만 내게는 공동체에 연결될 의무가 있었습니다. 나는 내 삶을 넓히기 위해 좁음 속으로 들어갔습니다. 고등학교를 마치기 전에는 이곳 뮌스터슈바르차흐 수도원이 내게 너무 좁지 않을까 의심이 들었습니다. 당시 나는 예수회 학자들에게 매료되어 있었습니다. 예수회에서 많은 학자가 배출된 데 마음이 끌렸습니다. 그렇지만 결국 뮌스터슈바르치흐 수도원에 들어갔습니다. 나는 이 공동체를 통해 넓은 세상으로 나갈 희망을 품었습니다. 가능한 한 아주 먼 곳, 가령 한국에 가서 무엇인가 움직이고 싶었습니다.

어떤 사람들은 삶에 대한 자신만의 상상을 맴돌고 있습니다. 때때로 그들에게는 어떤 고정된 일에 뛰어들 능력이 없다는 인상이 듭니다. 그들은 이런 여행이나 저런 여행을 떠날 수 없을 것입니다. 해마다 열리는 어떤 축제에 가 볼 수 없을 것입니다. 아니면 친구들과 밤 나들이를 가고 싶은 마음이 불쑥 들더라도 행동에 옮기지는 못할 것입니다. 그들의 삶은 온갖 외적인 일에 매여 있어 보입니다. 고정적인 일에 뛰어들 때 그들은 그런 삶을 멈출 것입니다. 일을 할 때, 구체적인 일에 참여할 때 그들은 책임 있는 삶을 살게 되고 자신이 젖어 있는 타성도 버릴 것입니다. 나는 사람들이 유연하게 대처하지 못하는 모습을 직접 보거나 전해 들을 때면 깜짝 놀라고는 합니다. 그들의 사고방식이나 관심 대상은 도무지 변하지 않습니다. 그들은 자신의 삶을 놓치고 있습니다. 삶을 책임질 준비가 되어 있지 않기 때문입니다. 중세 독일 신비가 요하네스 타울러Johannes Tauler에 따르면 모든 길은 좁은 길을 지나기 마련입니다. 삶이란 좁은 길을 지나기를 감행해야 드넓어집니다. 그런데 많은 사람이 좁은 길을 불안해하고, 그래서 그들의 삶은 결코 드넓어지지 않습니다.

사람들은 무엇인가 잘못을 저지를까 불안해서 어떤 일이나 직업에 뛰어들지 못하기도 합니다. '이건 내게 딱 맞는 직업이 아닐 거야.' 이 같은 불안의 배후에는 흔히 잘못된 완벽주의가 숨어 있습니다. 나는 내게 완전히 맞는 직업을 찾으려 합니다. 그러나 이 세상에 완전히 맞는 직업이란 없습니다. 나는 알맞게 주어진 직업에 만족해야 합니다. 어떤 직업이든 권태와 분노가 따릅니다. 사람들은 자신에게 즐거움만 주는 이상적 직업을 바랍니다. 결국 이는 자신의 삶이 평범해지는 것에 대한 거부입니다. 그렇지만 내가 일단 어떤 직업에 뛰어들어야, 비로소 거기서 무언가를 바꿀 수 있고 새로운 것을 만들 수 있습니다. 그런데 적잖은 사람들이 있지도 않은 이상적 직업이 나타나기만 기다립니다. 그들은 불완전한 것을 밀어내고 완전한 것만 받아들입니다. 그렇게 자신의 삶을 놓치고 맙니다. 우리의 삶에 완전한 것은 존재하지 않습니다.

또한 사람들은 어떤 직업에 뛰어들 때 잘못된 선택일까 불안해합니다. '이 직업이 내 삶을 지나치게 제한할지 몰라.' 직업은 나에게 과도한 요구를 할지도 모릅니다. 어쩌면 초과근무를 해야 할지도 모릅니다. 그러면 가족과 함께 시간을 보내지 못합니다. 그런 고민은 물론 타당합니다. 일과 삶의 건강한 균형은 중요합니다. 하지만 요구가 없는 직업은 없습니다. 일단은 요구에 응해야, 과도한 요구를 받지 않도록 대처할 수도 있습니다. 그런데 과도한 요구가 두려워 아무런 요구도 받지 않으려고 기를 쓰는 사람들도 더러 있습니다.

예수님의 대답

'안전장치'를 두는 이들에게 할 수 있는 말을 성경에서 찾다가 먼저 마리아와 요셉이 떠올랐습니다. 마태오가 전하듯이 예수님의 유년 시절 이야기에서 언제나 관건은 그저 일어나 길을 가는 것입니다. 심사숙고하는 것이 아닙니다. 요셉은 같이 살기도 전에 아이를 가진 마리아와 앞으로 어떻게 해야 할지 오래 숙고합니다. 그러던 중에 주님의 천사가 꿈에 나타나 마리아를 아내로 맞으라고 말합니다. 주님의 천사는 동방박사들이 제 고장으로 돌아간 뒤에도 요셉의 꿈에 나타납니다.

  일어나 아기와 그 어머니를 데리고 이집트로 피신하시오(마태 2,13).

요셉은 일어나 길을 떠났고, 주님의 천사는 이집트에서 다시금 꿈에 나타나 말합니다.

  일어나 아기와 그 어머니를 데리고 이스라엘 땅으로 가시오. 아기의 목숨을 노리던 자들이 죽었습니다(마태 2,20).

라틴어 성경을 보면 이 구절에 두 단어가 나옵니다. "일어나 가시오"(Surge et vade). 이 두 단어에는 많은 힘이 숨어 있습니다. 아기는 헤로데 때문에 생명이 위태로웠습니다. 요셉은 아기를 지키기 위해 아기와 그 어머니를 데리고 이집트로 가야 했습니다. 그런데 이제는 일어나 이스라엘로 돌아갈 때입니다. 살다 보면 전적으로 물러서야 할 때가 있습니다. 그때는 세상의 적대적 시선으로부터 자신을 지키기 위해 침묵의 공간이 피신처로 필요합니다. 그런데 이 피신처에서 나오지 않는 사람들이 많습니다. 그들은 영적 분위기에 잠기려고 수도원에 며칠씩 묵으면서 편안함을 느낍니다. 아니면 날마다 묵상하기를 좋아하는데 일어나기, 일상으로 돌아가기는 힘들어합니다. 요셉의 경우에는 주님의 천사가 꿈에서 나타났습니다. 때때로 하느님은 우리의 꿈에 나타나서 일어나라고, 우리를 생명으로 이끄는 길을 떠나라고 요구하십니다. 그런데 흔히는 내적 충동으로 족해서, 우리는 이 충동을 따라야 합니다. 이 길은 언제나 우리를 일상으로, 삶의 현실로 이끕니다.

그리스어로 '일어나시오'(*egertheis*)에는 '깨어나시오'라는 뜻도 있습니다. 우리는 환상에 젖어 생명으로 나아가지 못할 때가 있습니다. 그때는 우선 깨어날 필요가 있습니다. 인도 예수회원 앤

소니 드 멜로Anthony de Mello는 신비주의를 깨어나는 길로 묘사합니다. 우리는 현실에 깨어 있어야 합니다. 현실을 있는 그대로 바라보아야 합니다.

여기서 '일어나시오'에 해당하는 그리스어와 라틴어(surge)와 독일어(Steh auf)는 모두 부활과 연관이 있습니다. '부활'(Auferstehung)은 무언가를 책임지지 않은 채로 모든 것을 더 잘 알고, 모든 것을 판단하는 관객 역할을 그만두고 일어서는 것을 뜻합니다. 우리는 스스로 파 놓은 무덤에서 일어나야 합니다. 보호받고 있다는 느낌이 드는 잠 속에서 일어나야 합니다.

일어나는 것은 내가 나에 대한 책임을 떠맡는 것과도 연관이 있습니다. 성경에서는 부활을 두 가지 단어로 말합니다. '일어나다'(anastasis)와 '되살아났다, 일으켜졌다'(egerthe)입니다. 따라서 부활에는 늘 두 가지 의미가 있습니다. 내가 빠져 있는 환상이란 잠에서 깨어나는 것, 그리고 일어나 생명으로 가는 것입니다.

'일어나시오'라는 말 뒤에는 흔히 '가시오'가 따릅니다. 나는 일어나 길을 갑니다. 이에 해당하는 그리스어(poreuou)에는 '길을 떠나시오', '세상을 통과해 가시오'라는 뜻이 있습니다. 혹은 '적에 맞서 행군하시오'라는 뜻도 있습니다. 이 말은 '통과'(poros)와 연관이 있습니다. '가다'의 의미는 무엇보다 길을 떠나려고 좁은 문을 통과하려 하는 것입니다. 나의 길을 가려면 먼저 난관을 이겨 내야 합니다. 요셉은 먼저 경계를 넘어서야 합니다. 이스라엘로 가는 먼 길에서 직면하는 모든 난관을 이겨 내야 합니다. 그 길이 기분 좋은 여행이 아니라 고된 여정임을 그는 알고 있습니다. 그는 발을 질질 끌며 가시밭길과 광야, 평야를 통과해야 합니다. 그럼에도 그는 길을 떠납니다. 천사의 말에, 꿈에, 내면의 소리에 귀를 기울입니다.

우리는 저마다 내면의 소리를 듣습니다. 그런데 대개는 따르지 않습니다. 갖가지 이유를 대며 그 소리를 피합니다. 우리는 자신의 여정에서 보호를 충분히 받고 있지 않다고 여길 수도 있습니다. 그래서 차라리 이집트, 곧 누구도 우리를 알지 못하는 피신처에 눌러 있으려 합니다. 그러나 천사는 단호히 말합니다. "일어나 가시오! 깨어나 길을 떠나시오!"

루카복음서가 전하는 예수님의 유년 시절 이야기에서는 마리아가 길을 떠납니다. 주님의 천사가 하느님의 아들을 낳을 것을 예고하자 마리아는 이렇게 합니다.

> 그 무렵에 마리아는 길을 떠나 유다 산골 고을로 서둘러 갔다(루카 1,39).

여기서 천사는 요셉 이야기에서와 달리, 마리아에게 일어나라고 말하지 않았습니다. 그렇지만 마리아는 천사와 만난 영적 체험에 반응하여 길을 떠납니다.

마리아는 산악을 통과해 갑니다. 그 길은 쉽지 않은 길입니다. 산악 지역을 상징으로 본다면 이는 내적 봉쇄의 산, 반발의 산, 편견의 산을 가리킵니다. 우리는 일어나 누군가를 찾아갈 충동을 느끼더라도 핑계가 많습니다. '그 사람은 시간이 없을 거야.' '가는 길이 너무 멀어.' '그 사람이 집에 없을지도 몰라.' '내가 찾아가는 게 반갑지 않을 거야.'

일어나 길을 떠나지 못하게 가로막는 산들을 우리는 잘 알고 있습니다. 우리의 불안과 근심은, 지금 이 순간 우리 마음에서 올바른 것으로 여겨지는 길을 떠나지 못하게 앞을 막는 산과 같습니다. 우리는 지금 일어나 길을 떠날 수 없음을 정당화하려고 고도의 사고 체계를 세웁니다. 젊은 여성 마리아는 여기서 모범을 보입니다. 동행도 보호도 없이 산악으로 떠나 사흘간의 여정을 묵묵히 견딥니다. 우리가 요셉처럼 강인할 필요는 없습니다. 마리아처럼 마음을 믿고 따르면 우리는 길 위에서 보호를 받습니다. 그리고 엘리사벳을 만난 마리아처럼 다른 이들에게 축복을 가져다줍니다. 그렇지만 관객으로 머물면서 살아가면 우리에게서 아무런 축복도 나오지 못합니다.

'안전장치'라는 주제를 다루며 나는 예수님의 두 가지 말씀이 떠올랐습니다. 당신을 기꺼이 따르고 싶지만 주저하는 이들에게 하신 말씀입니다. 그들은 내적 충동을 따르고 싶어 합니다. 그들은 예수님이 자신을 생명으로 이끌어 줄 것을 알아차립니다. 그러나 그들의 이성이 내적 충동을 억누르거나 잠재우려고 갖은 이유를 댑니다. 한 젊은이가 내면의 소리를 듣습니다. 그러나 그는 내면의 부름을 따르기에 앞서, 자신이 할 수 있는 모든 일을 먼저 끝내려 합니다. 그는 예수님께 말합니다.

> 주님, 제가 물러가서 먼저 제 아버지의 장사를 지내도록 허락해 주십시오(루카 9,59).

예수님이 답합니다.

> 죽은 이들이 자기네 죽은 자들의 장사를 지내도록 내버려 두시오. 당신은 가서 하느님의 나라를 알리시오(루카 9,60).

그 젊은이는 일단 모든 일을 정리하고 싶어 합니다. 아버지가 세상을 떠날 때까지 기다리며 유산을 정리하려 합니다. 그런 뒤에야 용기 내서 자신의 길을 떠나려 합니다. 나는 부모님을 생각하느라 자신의 길을 가지 못하는 젊은이들을 적잖이 봅니다. 부모님을 생각하는 것이야 물론 좋은 일입니다. 그렇다고 그로써 내 삶을 살아가지 못하는 결과로 빠져서는 안 됩니다. 나중에는 부모님이 내 삶을 가로막았다고 원망할 것이기 때문입니다. 부모님의 마음을 아프게 하더라도 괜찮습니다. 굴레를 벗고 내 길을 가야 합니다.

여기서 예수님은 단호히 답합니다. "죽은 이들이 자기네 죽은 자들의 장사를 지내도록 내버려 두시오"(루카 9,60). 나는 이 말씀을 모든 안전장치란 죽음이요 마비 상태에 지나지 않는다는 뜻으로 받아들입니다. 삶을 원하는 사람은 안전장치나 보험을 버리고 삶으로 뛰어들어야, 위험을 각오하고 삶을 살아가야 합니다.

뒤이어 또 다른 사람이 예수님을 제 발로 따르려 합니다. 그는 예수님에게 마음을 빼앗겼습니다. 하지만 이렇게 말하며 내적 충동에 제동을 겁니다.

> 당신을 따르겠습니다, 주님! 그러나 먼저 제가 제 집에 있는 사람들과 작별 인사를 나누도록 허락해 주십시오(루카 9,61).

예수님이 그에게 이릅니다.

누구든지 쟁기에 손을 얹고 뒤를 돌아다보는 사람은 하느님 나라에 합당하지 않습니다(루카 9,62).

이 젊은이는 내적 충동을 따르려 합니다. 하지만 동시에 가족들이 이 길을 인정해 주기를 바랍니다. 주위의 동의를 얻기 바랍니다. 그렇지만 예수님이 비유를 들어 말씀한 바는 이런 뜻입니다. "당신 안에서 내적 충동을 느낀다면 그에 따라야 합니다. 가족들의 동의를 구하는 게 우선이 아닙니다." 내면을 따르는 길은 나를 고독하게 만들지도 모릅니다. 그 고독을 견뎌야 합니다. 늘 다른 사람들의 동의만 구한다면, 그것은 쟁기질을 할 때 자꾸 뒤를 돌아보며 다른 사람들이 내가 파 놓은 고랑을 괜찮게 봐 주는지 살피는 꼴입니다. 쟁기질을 하며 뒤만 살핀다면 그 고랑은 삐뚤빼뚤해질 것입니다. 그러면 내 삶의 밭에서 고랑을 이어 가지 못합니다. 밭에서 결실을 얻는 데는 앞만 보는 대담한 쟁기질이 필요할 뿐입니다. 뒤를 보며 언제나 인정을 받으려는 쟁기질은 소용 없습니다.

내가 청소년 사목을 하던 시절 일입니다. 학생들이 종종 찾아와서 자신들이 무엇을 하고 싶은지 잔뜩 들떠 말하고는 했습니다. 그렇지만 부모님이 너무 구식이며, 이해를 해 주지 않는다고 불평했습니다. 나는 이렇게 답해 주었습니다. "너는 내적 충동을 따르고 싶구나. 하지만 동시에 모든 사람이 네가 가는 길을 멋지다고 여기기를 바라고, 너에게 놀라기를 바라는구나. 그래, 너의 길을 가려면 다른 사람의 인정도 필요하겠지. 하지만 확신이 있다면 모든 사람에게 인정을 받지 않더라도 그 길을 가야 한단다." 모든 사람이 인정해 주지 않는데 내 길을 간다면 고독할 것입니다. 그러나 이 고독은 내가 걷는 길의 일부입니다. 무엇이 나에게 맞는지는 결국 내 자각을 통해서만 알아낼 수 있습니다. 나는 내 자각을 따라야 합니다.

많은 사람이 자신의 삶을 놓칩니다. 주위의 생각에 지나치게 매달리기 때문입니다. 그들은 부모님이나 친구들이 우려하면 과감히 자신의 내적 충동을 따르지 못합니다. 그것은 대학교에서 전공을 선택할 때 이미 시작됩니다. 자신이 원하는 분야를 전공하지 못하는 사람들도 많습니다. 그들은 주위의 우려에 가로막힙니다. 또 이런 말도 듣습니다. "그 분야를 공부해서 뭘 하겠어? 그걸로는 먹고살 돈을 벌 수 없어. 그건 벌이가 안 돼. 차라리 안정된 일을 해야지." 당연히 돈은 벌어야 합니다. 우리는 아무런 기반 없이 살지 못합니다. 그렇지만 모든 것이 곧장 이익과 수익에 따라 등급이 매겨진다면, 젊은이들은 더 이상 꿈꾸려 하지 않을 것입니다. 꿈을 이루는 사람은 살림도 꾸려 갈 수 있습니다. 그는 꿈을 통해 날개를 답니다. 그렇지만 그에게는 대학 전공이란 고공비행으로부터 내려와서 현실에 발 딛을 힘도 있습니다. 그는 날개를 단 채로 삶과 일상으로 뛰어들 것입니다. 날개를 잃고 자신의 현존을 근근이 이어 가지는 않을 것입니다.

2

의미 결여

삶이 의미를 알았을 때, 비로소 삶에 뛰어들 수 있습니다. 강제수용소에서 살아남은 심리학자이자 정신과 의사인 빅토르 프랑클 Viktor Frankl은 삶의 의미를 깨달은 사람만이 힘든 상황을 견뎌 낼 능력이 있다고 했습니다. 그는 '의미'라는 주제에 평생 천착하며, 오늘날에는 무의미감이 기성세대보다 젊은 세대에 만연해 있음을 보았습니다. 그리고 그 원인이 사람들이 전통에서 보호와 안식을 잃어버린 데 있다고 밝혔습니다. 그들은 뿌리가 뽑힌 것만 같습니다. 마치 나무가 높이 뻗으려 하는데 뿌리가 없는 것과 같습니다. 그래서 위험이 닥칠 때마다 자신이 시들어 죽을까, 행여 넘어질까 불안해합니다. 프랑클은 말합니다.

> 의미를 찾은 사람은 필요하다면 고통을 당할 준비도 되어 있다. 반면에 삶의 의미를 알지 못하는 사람은, 상황이 괜찮아 보이더라도 삶을 무시해 버린다. 그리고 사정에 따라서는 삶을 내팽개치기도 한다(Frankl, *Der Mensch auf der Suche nach Sinn* 317).

또한 다른 대목에서는 이렇게 말합니다.

> 사람들에게 먹고살 만한 게 충분해지자, 곧바로 드러난 것은 그들이 무엇을 위해 살 것인지 모르고 있다는 사실이다(같은 책 318).

90세 생일을 맞아 가진 어느 인터뷰에서 프랑클은 경험적 연구 결과를 인용했습니다. 이에 따르면 삶에 의미가 있느냐는 물음에 미국 대학생 가운데 80퍼센트가 "아니요"라고 답했습니다(Frankl, *Kunst, sinnvoll zu leben* 25). 프랑클은 그가 즐겨 쓰는 프리드리히 니체 Friedrich Nietzsche의 말도 인용합니다.

> 살아야 할 이유를 아는 인간은 그 어떤 상황도 견딘다(같은 책 27).

프랑클에게 삶의 의미를 찾는다는 것은 자기 초월과 연관이 있습니다. 그는 자기 초월에 관해 이렇게 밝힙니다.

언제나 인간존재는 자기를 뛰어넘어 자기 자신이 아닌 것, 곧 무언가 혹은 누군가를 가리킨다. 인간존재는 성취해야 할 어떤 의미, 혹은 우리가 사랑으로 대하고 있는 다른 누군가를 가리킨다. 인간은 어떤 일에 헌신하거나 누군가를 사랑하면서 자기 자신을 성취한다. 자신의 과업에 전념할수록, 배우자에게 헌신할수록 인간은 그만큼 더 인간이 되고, 자기 자신이 된다. 인간은 자기 자신을 잊음으로써, 자기 너머를 봄으로써 그만큼 자기 자신을 실현한다(Frankl, *Der Mensch auf der Suche nach Sinn* 14).

프랑클의 이런 시각은 오늘날 우리가 자신의 주위만 맴도는 현상과 반대됩니다. 언제나 우리는 이득이 되는 것이 무엇인지 묻습니다. 하지만 우리가 무엇을 위해 애쓰는지, 누구에게 혹은 무엇에 자신을 바치는지는 잊습니다. 자신의 주위만 맴도는 자아중심적 태도로는 삶의 의미를 발견할 수 없습니다. 발견한다고 해도 그 의미는 쾌락이나 유희, 만족일 것입니다. 그러나 그것은 우리를 뛰어넘는 의미가 아닙니다. 프랑클의 제자 엘리자베트 루카스Elisabeth Lukas의 연구에 따르면, 오스트리아 빈의 평균적인 시민

들보다 빈의 프라터 놀이공원에 오는 사람들의 실존적 좌절, 곧 무의미에 대한 고통이 현저하게 컸습니다(같은 책 15).

빅토르 프랑클은 알베르트 아인슈타인의 말도 인용합니다.

자신의 삶이 무의미하다고 느끼는 사람은 불행할 뿐 아니라 삶을 살아갈 힘도 거의 없다(같은 책 24).

살아갈 힘이 없는 사람들을 만나면 나는 자문합니다. '살아갈 힘이 없는 것은 어린 시절에 받은 상처 때문일까?' '그 상처가 삶을 통제할 수 없을 정도로 심각한 것일까?' '아니면 그 원인이 의미 결여에 있을까?' '이 사람은 어떠한 의미도 인식할 수 없는 것일까?' 그러면 뒤이어 나는 어째서 그 사람이 그 어떤 의미도 인식할 수 없는지도 묻게 됩니다. 내 생각에 이는 사람들이 자신의 삶에 대해 과도한 기대를 가지고 있는 것과 연관이 있습니다. 그들은 자신이 만들어 낸 환상을 이룰 수 없어서 삶을 거부합니다. 자신이 그런 상황에서 살아야 한다는 데 모욕감을 느낍니다. 하지만 자신의 망가진 삶에서 의미를 찾으려고 애쓰지는 않습니다.

강제수용소에서 빅토르 프랑클 역시 '모욕감'을 느꼈을지 모릅니다. 그것은 자신이 제시하려 했던 유망한 심리학 이론이 운명에 가로막혀 인정받지 못해서가 아닙니다. 무망한 아우슈비츠 강제 수용소로 이송되어, 살아남을 확률이 1대 29였기 때문입니다. 그렇지만 그는 삶의 의미를 붙잡았습니다. 아내의 사랑과 하느님이 자신에게 허락하신 과업을 붙잡았습니다. 그리고 그는 다음과 같이 체험했습니다.

> 그와 같은 한계상황에 처하더라도 살아남을 힘이 있는 사람들이 있다. 그들은 미래를, 자신을 기다리고 있는 과업을, 자신이 성취하려 하는 의미를 지향했다(같은 책 24).

삶은 우리가 가는 길에 많은 장애물을 둘지 모릅니다. 하지만 우리는 이를 저지할 수 없습니다. 또한 삶은 우리에게 중요하게 생각되는 것들을 앗아 갈지도 모릅니다. 그렇지만 프랑클이 확신하듯 삶이 우리에게서 결코 앗아 갈 수 없는 것이 하나 있습니다. 자유, 우리가 빼앗긴 것에 대응하는 자유입니다. 삶은 우리에게 건강마저 빼앗을 수 있습니다. 그러나 우리에게는 거기에 대응하는 자유가 남아 있습니다. 이 자유의 본질은 우리가 외부로부터 당하는 일과 겉으로는 무의미해 보이는 일에 의미를 부여하는 데 있습니다.

예수님은 우리에게 몸소 보여 줍니다. 그분은 무의미해 보이는 죽음에 의미를 부여합니다. 예수님은 당신이 외부로부터 당한 폭력을 헌신의 행위, 인간에 대한 사랑의 행위로 바꾸어 놓습니다. 자신이 당한 것을 사랑과 헌신의 행위로 바꾸는 일은 우리에게도 하나의 도전입니다. 우리 삶을 좌절시키는 모든 것에 맞서 의미를 얻어 내라는 도전입니다.

사람들이 삶을 놓치는 이유는 자신이 무엇을 위해 살아야 하는지, 자신이 무엇을 위해 애써 볼 만한지 알지 못하는 것과 대체로 연관이 있습니다. 프랑클이 심리학적 관점에서 말한 바를 프랑스 작가 생텍쥐페리Antoine de Saint-Exupéry는 시적 방식으로 표현했습니다. 그에게 중요한 것은 '무엇을 위한 삶인가'입니다.

> 그대는 그대가 변화시킨 것으로만 살아갈 수 있다. 그대는 마치 창고 안에 있는 물건처럼 그대 안에 들어앉아 있는 것들로 살아가지 않는다(Saint-Exupéry 124).

오늘날 우리의 정신에는 수천 가지 일들이 들어 있습니다. 하지만 그 일들은 바뀌지 않은 채 그대로 있습니다. 그 일들은 우리 삶에 의미를 부여하지 않습니다. 우리가 받아들여 변화시킨 것만이 우리 삶을 먹여 살립니다. 또한 무엇인가 우리를 먹여 살릴 때, 우리에게도 다른 사람들을 먹여 살릴 마음이 생깁니다. 생텍

쥐페리는 이렇게 씁니다.

> 나는 잊기 위해 내적으로 둔감해진 사람들을 무시한다. 또한 평화 속에 살기 위해 마음속 충동을 억누르는 사람들도 무시한다. 그대는 알아야 한다. 해결할 수 없는 온갖 대립, 치유할 수 없는 온갖 다툼이 그대로 하여금 더 커질 것을 강요하여, 그로써 그대가 그것을 수용할 수 있게 한다(Saint-Exupéry 182-3).

우리는 둔감해질 위험에 처해 있습니다. 우리가 소비할 수 있는 게 사방에 있을 뿐 아니라, 우리에게 의미를 줄 만한 거리도 넘쳐나고 있기 때문입니다. 우리는 무엇을 위해 살아가야 하는지 더 이상 알지 못합니다. 그래서 표면에 머무르면서, 우리가 삶에서 선택힐 수 있는 모든 목표를 죄다 상대적인 것으로 평가합니다. 우리는 모든 것에 불건전한 심리학적 동기들이 숨어 있다고 생각합니다. 우리는 어떤 과제에도 개입하지 않는데, 무언가에 마음이 움직인 사람은 자신의 갈망을 목표에 투사할 수 있기 때문입니다. 또한 우리는 무엇에도 참여하지 않는데, 행여 자신이 이용을 당할까 봐 불안하기 때문입니다. 그렇지만 모든 의미를 상대화하는 것은 표면상의 평화로 이어질 뿐입니다. 실제로는 의미 있는 삶을 향한 갈망이 표면 아래에서 끓고 있습니다. 이 갈망이 언젠가는 언어로 표현될 것입니다. 우리 정신이나 육체로 표현될 것입니다. 그때는 우리가 이에 반응해야 합니다.

우리가 무언가에 뛰어들지 않고 어떤 목표에 마음이 움직이지 않는 원인은 우리 자신에 대한 과도한 기대에 있습니다. 우리는 원대한 계획을 가지고 있지만, 그것을 펼치기에는 세상이 비좁습니다. 우리는 자신이 모든 것을 거부하는 이유를 외적 상황 탓으로 돌립니다.

일찍이 1930년에 루트비히 폰 헤르틀링Ludwig von Hertling은 그 원인을 자신의 책에 밝혀 놓았습니다. 수덕신학修德神學에 관한 그의 책에 따르면 우리 인간은 천성적으로 목표를 너무 높게 세우는 경향이 있습니다. 하지만 동시에 너무 큰 긴장이 일까 두려워서 그 목표로 가는 바른길이 아닌 샛길을 찾습니다. 우리는 샛길로 가면서 삶의 요구들을 피합니다. 그러다 결국은 본디 목표가 아닌 거짓 목표에 이릅니다.

헤르틀링은 그렇게 샛길로 빠지는 행동에 대해 다양한 사례를 듭니다. 자신의 능력을 확신하고 있는 한 학생이 있습니다. 반드시 그는 우수한 성적으로 시험을 통과할 것입니다. 하지만 또 한편 자신의 능력에 의심이 듭니다. 두통과 피로, 이웃의 소음 같은 장애물이 그를 가로막습니다. 그가 시험장에 나타나지 않은 것은 이것들 탓입니다. 그는 힘든 길을 실제로 가는 대신, 거짓 목표에 다다릅니다. 이 거짓 목표의 실체는 그가 탁월한 학생이란 환상을 붙들고 있는 데 있습니다. 그가 제 능력을 증명하지 못하는 것은 남들 탓입니다.

사목에서 만족스러운 성과를 거두지 못하고 있는 한 수도자가 있습니다. 그는 제 스스로를 하느님의 은총을 받은 사목자로 여깁니다. 그래서 부족한 성과의 근거를 외적 상황에서 찾습니다. 장상이 편협하고, 본당 사목회원들이 고루하며, 또 수도회 규칙이 시대에 뒤떨어져 있습니다. 그 수도자도 그저 거짓 목표에 이릅니다.

> 주위에서 자신의 견해에 반대하지 않았다면 큰 성과를 거두었으리라 그는 확신했다(von Hertling 123-4).

그 수도자는 환멸로 반응하면서 상황 탓을 합니다. 하지만 실은 이렇습니다.

> 환멸을 자초한 것은 그인데, 자기 삶의 거짓된 면을 유지하기 위해서는 환멸이 필요했다(von Hertling 124).

슐레지엔 출신 시인 안겔루스 질레시우스Angelus Silesius는 현실에서 도망치기 위해, 여간해서 참여하지 않는 자신의 모습을 변명하기 위해 높은 이상을 내세우는 이들에게 말합니다.

> 아, 인간아, 너 자신을 놓치지 마라.
> 오직 네게 달렸다.
> 하느님을 통해 뛰어오르라.
> 너는 하늘에서 가장 큰 존재일 수 있다.

안겔루스 질레지우스는 우리가 삶을 거부하려고 구실로 대는 외적 상황을 인정하지 않습니다. 그는 말합니다. "오직 네게 달렸다." 그리고 답을 제시합니다. "하느님을 통해 뛰어오르라." 이를 나는 이렇게 이해합니다. "네 참여를 힘들게 할 만한 외적 상황을 바라보지 마라. 하느님을 바라보라. 하느님을 신뢰하고 그저 도약하라. 삶으로 뛰어들어라. 네 목표를 위해 온 힘을 다하라." 우리는 하느님을 바라보는 것에 그치지 않고, 하느님을 통해 도약해야 합니다. 이는 '하느님의 도움을 통해'라는 뜻일 수도 있지만, 또한 하느님을 통해 도약하여 이 현실 세계에 발을 딛는다는 뜻일 수도 있습니다. 나는 하느님을 통해 이 현실 세계를 다른 눈으로 봅니다. 그러면 편협한 이웃이나 식구로 인해 나의 참여를 방해받지 않습니다. 나는 하느님 안에서 깨닫습니다. 도약하든, 안락의자에 앉아 영원히 관객으로 남든 오직 내게 달려 있습니다.

한 젊은이와 대화를 나눈 적이 있습니다. 그는 인문계 학교를 다니다가 11학년에 그만두었습니다. 그런 다음 전기 기술과 원예 기술을 배웠지만 둘 다 1년 뒤에 그만두었습니다. 모든 것을 왜 도중에 그만두었는지 묻자 그가 답했습니다. "선생님들이 싫었어요. 도제 교육도 싫었고요. 원예는 정말 다 시시했어요." 그러면 어떤 일을 하고 싶은지 다시 물었습니다. "텔레비전에 나오는 스포츠 아나운서요. 하지만 자동차 경주만 방송하고 싶어요." 나는 그에게 말해 주었습니다. "텔레비전 방송도 거친 세계라네. 때로는 거기서 싸우기도 해야 하지. 어머니의 둥지에 들어앉은 채로 자신에게, 선천적 재능이 있는 한 젊은이에게 능력을 입증할 기회를 주지 않는다며 세상을 비난할지, 아니면 밖으로 뛰어나가서 싸울지 자네가 결정해야 하네. 뛰어나가 싸운다면 상처받을걸세. 하지만 세상에 상처받지 않는 삶은 없다네."

둥지에 앉아서 자신에게 꿈을 실현할 기회를 주지 않는다며 세상을 욕하는 사람들이 있습니다. 오늘날 우리는 관객 세대입니다. 관객은 선수들이 경기장에서 어떻게 뛰는지, 배우들이 무대 위에서 어떻게 연기하는지 더 잘 알고 있습니다. 그러나 자신이 직접 무대 위에 오르거나 경기장에 나가 책임을 지지는 않습니다. 관객은 자신의 삶을 놓칩니다. 관객은 그저 바라볼 뿐, 삶이라는 큰 경기에 참여하지 않습니다.

교황 프란치스코도 2013년 대림 시기를 하루 앞두고 로마 대학생들과 만난 자리에서 관객의 이미지를 들어서 젊은이들에게 호소합니다.

> 바라건대 발코니에 서서 삶을 관망하지 마세요! 도전들이 있는 곳에 뛰어드세요. 삶을 더 촉진하기 위해 당신의 도움이 필요한 곳에 뛰어드세요. 인간 존엄을 위한 투쟁, 빈곤 퇴치를 위한 투쟁, 참된 가치를 위한 투쟁, 그리고 날마다 직면하는 다른 모든 도전들이 있는 곳에 뛰어드세요(zenit.org, 2013. 12. 3.).

교황 프란치스코는 대학생들의 입장에 공감하면서 그들의 삶에도 힘든 때가 있을 것이라고 말합니다. 하지만 또 말합니다. "도전을 받아들이지 않는 사람은 사는 게 아닙니다." 그리고 젊은이다운 열정을 잃지 말라고 당부합니다. 교황은 젊은이들이 인습적인 해법을 넘어서는 계획들을 장기적 관점에서 전개해야 한다고 말하며, 신학적인 근거를 듭니다. 자기 자신과 자기 능력을 성령의 힘과 연결 짓는 사람은 관객으로 머물지 않고 사건을 주도하는 사람이 된다는 것입니다.

예수님의 대답

오늘날 많은 사람이 자신에게 묻습니다. "무엇이 나에게 유익일까?" "어떻게 해야 행복해질까?" "무엇이 나를 행복하게 해 줄까?" 많은 사람이 그런 물음을 던지며 자신의 안녕을 맴돌지만, 곧 안녕에 집착하지만 결과는 역설적입니다. 자신의 행복을 맴도는 사람들이 행복과 가장 거리가 멉니다. 이는 외적 상황으로부터 행복을 기대하기 때문입니다. 경험적으로 보면 가장 행복한 사람은 자기 자신을 잊을 수 있는 이들, 다른 사람을 받아들이는 이들, 다른 사람을 행복하게 해 주는 이들입니다. 빅토르 프랑클이 의미를 언급할 때, 거기서 의미란 내가 투신하는 그 무엇, 나 자신을 잊게 하는 그 무엇, 나를 넘어 밖으로 나가게 하는 그 무엇입니다.

성경은 우리 자신을 뛰어넘는 이 의미를 '파견'이라 표현합니다. 인간은 사명을 받고 파견되었습니다. 예수님은 제자들을 세상에 파견합니다. 그렇지만 잘 지낼 것을, 자기 자신을 돌볼 것을 명하지는 않습니다. 예수님은 그들을 세상에 보내며 복음을 선포하라고 합니다. 그 길에서 제자들은 물론 자신도 살펴야 하고, 부당한 요구도 받지 않아야 합니다. 누구든 그들을 받아들이지 않으면 그 집을 떠날 때는 제 발의 먼지를 털어 버려야 합니다(마태 10,14).

그럼에도 우선하는 것은 자기 자신을 돌보는 일이 아니라, 예수님이 제자들을 보내며 내린 사명입니다. 여기서 관건은 그저 내가 잘 지내고 있는지만 묻는 것이 아니라, "나는 무엇 때문에 파견되었는가?" "이 세상에서 내 사명은 무엇인가?" "나는 이 세상에서 무엇을 실현하고 싶은가?" "나는 무엇에 파견되었다고 자각하는가?" 하는 물음입니다.

예수님은 제자들을 보내며 분부합니다.

> 이스라엘 가문의 잃은 양들에게로 가시오. 가서 하늘나라가 다가왔다고 말하며 선포하시오. 병든 이들은 고쳐 주고 죽은 이들은 일으키며 나병환자들은 깨끗이 해 주고 귀신들은 쫓아내시오. 여러분은 거저 받았으니 거저 주시오(마태 10,6-8).

모든 사람이 다 의사나 치료사로 부름받은 것은 아닙니다. 모두가 다 예언자나 사목자로 부름받지는 않았습니다. 하지만 누구에게나 파견 사명은 잠재해 있습니다. 우리가 세상을 살아가는 것은 단지 순응하기 위해서가 아닙니다. 우리도 파견되었습니다. 자신을 잃어버린 이들에게 파견되었습니다. 우리가 자기 자신을 발견했다면, 자신의 중심과 접촉했다면 우리는 그 안에서 안식을 누릴 게 아니라 자신을 잃어버린 이들, 자신의 중심과 이상, 힘과 열정을 잃어버린 이들에게 가야 합니다. 우리의 사명은 사람들에게 다가가는 것, 길을 떠나는 것, 우리가 만나는 사람들에게 "하늘나라가 다가왔다"라고 선포하는 것입니다. 복음 선포는 말을 통해서만 아니라, 우리가 발하는 빛을 통해서도 일어납니다. 우리는 자신의 '자아'(ego)가 아닌, 하느님이 이끄시는 무언가를 전해야 합니다. 우리 자신의 욕구, 곧 인정과 확인을 받으려는 욕구, 권력과 영광을 얻으려는 욕구가 아닌, 하느님이 우리 내면에서 주도하시는 무언가를 알려야 합니다.

오늘날 우리는 예수님이 제자들에게 한 말씀과 다른 말을 쓸 것입니다. "하늘나라가 다가왔다"라고 말하면 이제 사람들이 거의 이해하지 못합니다. 하지만 참된 자기와 내적 자유를 발견하는 법, 삶을 진정으로 성취하는 법은 우리가 사람들에게 말할 수 있습니다. 이것은 우리가 하느님을 우리 마음에 들어오시게 하고 우리를 다스리시게 해야 가능합니다. 우리는 사명을 더 보편적으로 이해할 수도 있습니다. 우리가 받은 사명의 본질은 참된 자기가 되기 위한 길 위에서 사람들에게 도움을 주는 것, 그들이 자신의 길을 가도록 하고 설명해 주는 것, 동시에 그들이 참된 자기에게로 가는 길을 스스로 찾도록 용기를 주는 것에 있습니다. 이것은 하느님도 우리에게로 오는 길을 찾으셨기 때문입니다.

병든 이들은 고쳐 주고, 죽은 이들은 일으키며, 나병 환자들은 깨끗이 해 주고, 귀신들은 쫓아내라는 말씀을 우리는 다음과 같은 틀에서 받아들일 수 있습니다. 우리의 사명은 최대한 많은 돈을 버는 것이나 성공의 사다리를 타고 최고로 높은 곳에 오르는 것이 아닙니다. 우리는 누군가를 치유해야, 자신의 과거와 화해하도록 사람들에게 용기를 주어야 합니다. 우리의 사명은 일단 우리 자신이 치유되고, 또한 이런 치유를 다른 사람들에게도 전해 주는 것입니다. 누군가 우리와 대화를 나눌 때, "정말 참 도움이 되네요. 이제 더 명확히 보여요"라고 말한다면, 그것은 우리에게도 유익한 일입니다. 그 순간 우리는 행복을 맛보는데, 우리 사명에 충실했기 때문입니다. 자구적인 의미에서 보면 우리는 죽은 이들을 일으킬 수 없습니다. 그렇지만 생명을 돌보는 것도 우리의 사명입니다. 굳어 버린 땅에 다시 생명을 일으키면 꽃이 피어납니다. 우리 주위에 꽃이 피게 하면 우리 자신도 꽃핍니다. 우리의 사명은 나무에 꽃이 피게 하는 정원사의 사명과도 같습니다.

나병 환자를 깨끗이 해 주는 것은 오늘날 우리에게 이런 의미일 수 있습니다. 자기 자신을 받아들이지 못하는 사람들을 받아들이는 것입니다. 나병 환자와 접촉하는 것은 쉬운 일이 아닙니다. 우리는 그 앞에서 구역질을 할 것입니다. 자신에게 불만족한 이들, 자신을 받아들이지 않는 이들, 다른 사람들이 자신을 받아들이지 않는다며 한탄하는 이들 앞에서 우리는 우리 자신을 보호하고 싶어 합니다.

우리의 사명은 우리 자신에게 "예"라고 말하는 것, 또한 자기 자신을 긍정하지 못하는 사람들에게도 "예"라고 말하는 것에 있습니다. 예수님이 준 사명은 사람들을 선입견 없이 대하는 것, 또 그렇게 하기 위해 노력하는 것, 사람들을 믿음의 눈으로 보는 것, 사람들 안에서 그분의 형제자매를 알아보는 것입니다. 우리가 믿음의 눈으로 볼 때, 평가하고 판단하지 않고 조건 없이 받아들일 때 그들 또한 스스로를 믿습니다.

또한 귀신들을 쫓아내는 것은 이런 의미일 수 있습니다. 명료함을 사명으로 자각하는 사람들이 있습니다. 성경에서 귀신들은 '더러운 영들', 곧 생각을 더럽히는 영들을 뜻합니다. 명료히 생각하는 것, 현실에 부합하게 생각하는 것에서 자신의 사명을 발견하면 우리는 귀신들을 쫓아내고, 또한 주위 사람들도 더욱 명료한 눈으로 세상을 보게 할 것입니다.

현대 철학자 프리돌린 슈티어Fridolin Stier에 따르면 귀신들은 부정否定의 영들입니다. 부정의 영들은 사람들이 삶에 뛰어들지 못하게 방해합니다. 사람들과 대화를 나누다 보면 나는 종종 그 영들을 만납니다. 삶의 의미를 어디에서 찾는지, 무엇을 위해 자신을 바칠 수 있는지 물어보면, 악령이 나타나서 그들로 하여금 변명을 늘어놓게 만듭니다. "이 일은 내게 전혀 맞지 않습니다." "내 경우에는 모든 게 다릅니다." "이 제안을 따르기에는, 이 길을 가기에는 장애물이 많습니다." "많은 사람이 이 과정에서 이미 오류를 범했습니다. 그러니 이는 내가 갈 길이 아닙니다."

부정의 귀신들은 사람들이 무언가를 행할 때마다 주저하게 만드는 데 매달립니다. 우리 내면에는 삶을 놓치고 싶은 갈망이 아니라, 살아가고 싶은 갈망이 잠재합니다. 그러나 우리 내면에는 부정의 귀신들도 있습니다. 그 귀신들은 우리가 삶에 참여하지 못하도록 방해합니다. 예수님은 그 귀신들을 쫓아내라고 했고, 또한 몸소 쫓아냈습니다.

우리는 그것들과 토론을 벌일 수 없습니다. 행여 토론을 하더라도 그 토론은 끝나지 않습니다. 그것들은 대화가 진전될 때마다 부정만 하며 앞을 가로막을 것입니다. 예수님은 우리 안에 있는 부정의 귀신들을 쫓아내려 합니다. 그러니 우리는 다른 사람들 안에 있는 그 귀신들을 찾아내서 힘껏 몰아내는 일을 사명으로 삼을 수도 있습니다. 그런데 문제는 "어떻게 쫓아낼 것인가?" 입니다. 그 귀신들에게 반박하는 것은 무의미합니다. 그것들은 모든 반박을 다시 부정하며 대꾸할 것입니다. 방법이 있다면 그것들에게 제 스스로 원하는 길을 가라고 요구하는 수밖에 없습니다. 그러면 침묵할 것입니다. 제가 본래 원하는 게 무엇인지 질문을 받으면, 그것들은 제 스스로 아무것도 원하지 않음을 알게 되기 때문입니다. 항상 그것들은 무언가를 부정하는 일만, 부정으로 삶의 요구들을 회피하는 일만 원합니다.

누구나 자신의 삶에서 이런 물음을 던져야 합니다. "나는 무엇에 파견되었는가?" "이 세상에서 내 사명은 무엇인가?" "내 삶으로 무엇을 전하려 하는가?" 사명이 특별할 필요는 없습니다. 누군가의 사명은 아버지나 어머니로 가정을 꾸려서 아이들에게 안정과 보호, 사랑과 관심을 주는 것에 있습니다. 누군가의 사명은 자신의 주위에 확신과 낙관을 전파하는 것입니다. 누군가는 호스피스 활동이나 환자 간병, 이민자 자녀 학습 지원을 자신이 받은 사명으로 여깁니다. 또한 직장에서 새로운 분위기와 바람직한 조직 문화를 조성하는 일을 자신의 사명으로 받아들인 사람도 있고, 어떤 사람은 기자나 작가로서 사람들의 삶을 서술하고 삶의 방향과 의미를 전달하는 일을 사명으로 삼습니다. 우리는 자신이 서 있는 곳이라면 어디서든 사명을 인식할 수 있습니다. 우리가 정화와 개선의 분위기, 온기가 확산되는 분위기를 만들 때 우리 주위 사람들은 자신이 수용과 관심을 받고 있다고 느끼며, 결국 사랑도 받고 있다고 깨닫게 됩니다.

자신이 받은 사명이 무엇인지 자문할 때 우리는 자신의 주위만 맴도는 나르시시즘을 버리게 됩니다. 사명을 묻는 가운데 자신의 힘, 자신의 열정과 맞닿게 됩니다. 이것은 우리를 움직이는 힘, 삶으로 이끄는 힘입니다. 과거에는 많은 사람이 사명감에 움직였습니다. 지난 세기 초에 수도원에 들어온 내 선배 형제들은 선교지에 가서 예수님의 복음을 전하는 일에 사명감을 느꼈습니다. 이런 사명 의식에서 그들은 엄청난 힘을 받았습니다. 그들은 파견에 대한, 선교에 대한 사명감으로 고난, 빈곤, 전쟁, 적대, 위험을 견뎌 냈습니다. 그들은 자신이 그런 위험에 내맡겨진 이유를 알았습니다. 그들은 하느님 나라를 아프리카와 한국에 선포하고 전파하려 했습니다. 그런데 이제는 자신의 사명이 무엇인지 잘 알지 못한 채 수도원에 들어오는 형제들도 있습니다. 많은 형제가 규칙적인 기도와 노동, 믿음의 공동체가 자신에게 이로우리라 판단합니다. 그것은 분명히 정당한 바람이고, 바람직한 입회 동기입니다. 그러나 그것으로는 충분하지 않습니다. 자신의 안녕을 넘어서는 사명감, 다른 사람들에게 축복이 되는 과업으로 이어지는 사명감도 필요합니다.

이는 비단 수도원에 들어오는 사람들에게만 적용되지는 않습니다. 직업을 택할 때도 마찬가지입니다. 내가 어디에서 안녕감을 느낄 수 있는지, 어디에서 법정 근로 시간을 지키며 여가를 최대한 얻을 수 있는지만 중요한 게 아닙니다. 내가 한 직업에 소명을 자각하는 것도 중요합니다. 소명은 사명과 연관되어 있습니다. 하느님은 무언가를 행하라고 나를 부르십니다. 나를 불러내십니다.

구약성경의 예언자들은 이 부름을 따랐습니다. 부름이 늘 달가운 것은 아니었습니다. 부름은 그들을 수없이 갈등에 빠트렸습니다. 가령 예언자 예레미야를 보면 이를 확인할 수 있는데, 당대 정책에 반대하여 설교하고 백성들을 허황된 말로 불안에 빠트렸다며 저수 동굴에 갇히기까지 했습니다. 하지만 예레미야는 적들에게 온갖 시련을 당하면서도 견뎌 낼 수 있는 힘과 희망을 바로 부름에서 받았습니다.

오늘날도 사람들은 부름을 느낍니다. 어떤 이들은 의사로서 사람들을 도와주거나 치료사로서 환자들과 함께해 주는 과업에 부름을 받았다고 여깁니다. 또 어떤 이들은 창조적 재능(ingenium)이란 뜻의 어원이 말해 주듯 자신의 정신을 사물에 쏟기 위해, 사람들에게 유용한 것을 새로 고안하고 발명하기 위해 엔지니어Ingenieur로 부름을 받았다고 여깁니다. 부름을 자각한 사람은 생기가 돕니다. 고된 직업 교육이나 대학 공부에 필요한 힘을 자신 안에서 발견합니다. 그리고 직장에서 어떤 업무에 들어갈 때 자신을 기다리고 있는 난관을 극복합니다.

　삶에서 의미를 깨달은 사람, 사명을 알아챈 사람은 힘차게 자신의 길을 갑니다. 반면에 자신의 안녕만 맴도는 사람은 무력합니다. 건강에 집착하며 이 의사, 저 의사를 전전합니다. 자기 자신을 스쳐 지나가니, 삶의 대체물이 필요합니다. 어떤 사람은 끊임없이 건강에 신경을 쓰는 것으로 자신이 살아 보지 못한 삶을 대체합니다. 그러나 그렇게 건강만 맴돌면 더 병들 뿐입니다.

3

나르시시즘적 관상

신심 깊은 젊은이들 중에도 삶으로 뛰어들지 못하는 이들이 있습니다. 그들은 일이 자신을 갉아먹을까, 그러면 더 이상 시간이 없어 영성을 실천하지 못할까, 묵상 생활이나 관상 생활을 하지 못할까 불안해합니다. 나는 그들이 관상을 잘못 이해하고 있다고 봅니다. 그들은 관상을 자신을 위해 시간을 보내는 일, 느리게 사는 일로 여깁니다. 그러나 관상의 목표는 하느님이 인간 안에서 자리를 찾으시도록 자신을 내려놓는 데 있습니다. 자아로부터의 자유는 모든 영적 여정의 목표입니다. 그런데 어떤 이들은 이런 자유가 자아를 전혀 느끼지 않는 것이라 생각합니다.

스위스 정신과 의사 카를 구스타프 융Carl Gustav Jung에 따르면 생애 전반에는 강한 자아를 발달시켜야 합니다. 자아는 삶을 위해 투쟁합니다. 자아는 무언가를 관철합니다. 자아는 삶에서 무언가를 창조합니다. 그렇지만 생애 후반에는 자아를 내려놓는 일, 더 큰 것에 자신을 내맡기는 일, 하느님께 자신을 내바치는 일이 중요합니다. 그런데 자아가 형성되지 않은 사람은 내려놓을 수도 없습니다. 그러니 자아 발달을 건너뛰는 관상은 삶에 대한 거부가 되어 버립니다.

사막 교부 안토니우스Antonius Abbas는 말합니다.

> 하늘로 곧장 달려드는 젊은이를 보거든 그의 발뒤꿈치를 붙잡아 땅 위에 서게 하라. 그것이 그의 영혼에 이롭지 않은 까닭이다.

너무 빨리 하늘로 달려드는 것, 현세를 건너뛰는 것은 삶으로 이어지지 않습니다. 그것은 삶을 피해 달아나는 꼴입니다. 그들은 살아 있는 자신의 육체와 영혼을 마주하지 않으려고 하늘로 곧장 달려듭니다. 그렇지만 생애 전반에 인간의 과제는 자신의 공격성, 성욕, 격정에 대응하는 일입니다. 그런 다음에야 영성 생활도 열매를 맺습니다.

언젠가 한 젊은이가 나를 찾아왔습니다. 그는 무턱대고 수도원에 들어가려 했습니다. 자신을 관상적인 유형이라 말하면서, 하루에 기껏해야 세 시간만 일할 수 있다고 했습니다. 나는 그에게 가톨릭에서 가장 엄격하게 침묵을 지키는 트라피스트회에는 들어가지 못할 것이라고 조언했습니다. 트라피스트회 회원들도 하루에 여섯 시간은 일해야 하기 때문입니다. 나는 그의 마음을 들여다보며 이렇게 느꼈습니다. '그에게는 삶을 살아갈 능력이 없구나.' '삶에서 어떤 자리를 쟁취할 능력이 부족하구나.' 그에게 관상은 자신의 시간을 보내기 위한 한 방편에 불과합니다. 진정으로 묵상하기 위해, 진정으로 하느님께 뛰어들기 위해 그 시간을 쓰는 것은 아닙니다. 이렇게 자신의 주위만 맴도는 것은 결국 자아중심주의의 한 징후입니다. 자아를 내려놓기 앞서, 일단 그는 자아를 어떻게 돌봐야 할지 전혀 알지 못합니다. 이 경우 관상은 자신의 주위만 맴도는 나르시시즘입니다. 그들은 삶의 도전을 받으면 마주하지 않고, 더 지고해 보이는 형태의 삶으로 달아나 버립니다. 그들은 자신을 특별한 존재로 여깁니다. 그러나 구체적인 삶을 사는 것은 거부합니다.

    베네딕도 성인에게 일과 기도는 서로 반대되는 것이 아닙니다.

두 영역에서 관건은 자아로부터 자유로워지는 것입니다. 하느님께 뛰어드는 것과 일에 뛰어드는 것은 가려는 방향이 서로 같습니다. 나는 뛰어듭니다. 나는 나 자신을 잊습니다.

헝가리 심리학자 미하이 칙센트미하이Mihaly Csikszentmihalyi는, 인간은 흐름을 타고 있을 때 행복을 체험한다는 사실을 인식했습니다. 내면에서 에너지가 흐르고 있을 때, 비로소 인간은 일하는 게 재밌습니다. 지금은 미국에서 살고 있는 이 심리학자는 여기에 '몰입'(Flow)이란 개념을 썼습니다. 그에게 몰입은 자신을 내던져 일할 때, 곧 일을 하며 나 자신을 잊을 때, 자아를 내려놓을 때, 나에게 주어진 일에 온전히 뛰어들 때 일어납니다. 오늘날 '몰입'이라 말하는 것이 영성 문헌에는 '헌신'이라 표현되어 있습니다. 베네딕도 성인에게 일에 대한 헌신은 기도 중에 하느님께 헌신하는 것과 같은 차원에 있습니다. 내가 당장 여기에서 하고 있는 일에 헌신하는 동안, 내 내면에서 에너지가 흐르며 창조적인 자유를 체험합니다.

일에 뛰어들 때 나는 내 자아에서 벗어납니다. 그렇지만 관상을 자신을 위한 시간을 보내는 것으로 잘못 이해한 사람은 자아로부터 자유롭지 못합니다. 그의 영성은 나르시시즘적 영성으로 빠집니다. 그리고 그런 영성은 자신에 대한 과장된 표상으로 드러납니다. 그들은 자신을 관상적인 유형이라 여깁니다. 그래서 자신을 평범하게 일만 하는 사람들, 묵상하지 않는 사람들보다 위에 세웁니다.

심리학자들에 따르면 '웅대성'(Grandiosität)은 나르시시즘이 작동하는 가장 보편적인 방식입니다. 나르시시즘의 원인은 대개 고독감에 있습니다. 그들은 고독의 고통을 느끼지 않으려고 자신을 웅대한 존재로 그리며 그 망상으로 달아납니다. 그들은 관상 속에서 아주 특별한 체험을 하리라고 생각합니다. 그들은 널리 알려진 영성 대가들을 찾아다닙니다. 자신의 깊은 영적 체험에 대해 말할 수 있는 사람은 그들밖에 없기 때문입니다. 평범한 사목자들은 이에 대해 알지 못하며, 대가들만이 자신을 이해할 것이라고 여깁니다.

내게도 이런 사람들이 찾아옵니다. 그들 나름으로는 깊은 영적 체험을 해서 다른 누구와도 대화를 나눌 수 없습니다. 그럴 때면 나는 내적 저항을 느낍니다. 그 이면에 숨어 있는 나르시시즘을 확인합니다. 그들과 대화를 주고받다 보면 빈번히 깨닫습니다. '이 형제, 이 자매는 삶을 살아갈 능력이 사실 없구나.' 이를 자인하지 않으려고 그들은 자신을 특별한 존재로 여깁니다. 남들의 이해를 뛰어넘는 영적 체험을 하는 사람, 신앙적으로 특출한 재능이 있는 사람으로 여깁니다. 그렇지만 흔히 이는 평범한 삶을 감당하지 못해 영성으로 달아나는 꼴입니다.

오늘날은 나르시시즘이 널리 퍼져 있습니다. 나르시시즘에 빠진 이들에게 관상은 자신의 나르시시즘을 하느님에 의해 변화시키는 게 아니라, 오히려 마음껏 펼치는 좋은 기회가 됩니다. 나르시시즘은 자신에게 반한 것입니다. 어린 시절에 경험해야 할 사랑이 결핍되어 나타난 반응입니다. 그들은 외부 세계를 위협적인 것으로 경험하고서 자신에게로 물러납니다. 역설적인 점은 참된 자기와의 접촉을 상실한 탓에 그들이 그토록 자신에게 매달린다는 사실입니다.

건강한 자기애가 있는 반면 병적인 자기애도 있습니다. 건강한 자기애는 내가 나를 잊는 것으로도 이어집니다. 자신을 잊는 것이 바로 관상의 목표입니다. 나는 나를 잊는 가운데 온전히 현존합니다. 그러나 나르시시즘에 빠진 사람은 자신을 잊지 못합니다. 늘 자신의 주위만 맴돕니다. 오토 케른베르크Otto F. Kernberg에 따르면 병적인 자기애는

> 자신과의 과도한 관계로 나타납니다(Kernberg 74).

자신과의 과도한 관계는 다른 사람들에 대한 관심 부족과 연관이 있습니다. 나르시시즘적인 사람들은 다른 사람들에게 감정이

입을 거의 하지 못합니다. 그들은 자신의 주위만 맴돌며, 끊임없이 경탄을 받고 싶어 합니다.

융 심리학에 정통한 심리학자 카트린 아스퍼Kathrin Asper는, '자기화'(Selbstwerdung)라는 융의 개념을 성급하게 쓰는 것은 나르시시즘적인 사람들에게 해롭다고 말합니다. 그 개념이 그들에게는 매력적으로 비치는데, 그래서 그들은 기꺼이

> 자기를 찾아서 그 영적이며 엘리트적인 좁은 길로(Jotterand 18)

떠납니다. 하지만 지극히 평범한 일상의 요구들은 건너뜁니다. 그들은 엘리트 세계에 머물면서 방해받고 싶어 하지 않습니다.

융 심리학에 관한 아스퍼의 언급은 관상의 길에도 적용될 수 있습니다. 본래 관상의 길은 내적 자유, 자아로부터의 자유로 이어집니다. 나르시시즘에 빠진 사람들에게 관상의 길은 평범한 일상과 거리를 두고 엘리트적 여정을 떠날 기회, 심오하고 웅대한 영적 체험으로 떠나갈 기회가 됩니다. 그러나 그런 영성은 변화로 이어지지 않고, 나르시시즘적 구조를 공고히 할 뿐입니다. 그러면 그들은 평범한 삶과 일에서 받는 구체적인 요구들을 갖가지 이유로 피할 것입니다.

나는 리지외의 데레사Thérèse de Lisieux 성인이 보여 준 모범을 토

대로 그런 유혹에 대해, 곧 웅대성 속으로 달아나는 영성, 구체적인 삶을 거부하는 영성에 대해 밝혀 보려 합니다. 처음에는 유혹을 이기지 못했지만 데레사는 치유적인 영성의 길, 나르시시즘적 상처를 진정으로 낫게 하는 길을 발견했습니다. 데레사는 어린 시절부터 깊은 고독을 겪었습니다. 데레사가 태어났을 때 엄마는 유방암에 걸려 있었고, 그래서 그 젖먹이는 엄마 젖을 먹지 못한 채 유모에게 보내졌습니다. 후에 엄마 품에 돌아오기는 했지만, 엄마는 3년 뒤에 세상을 떠났습니다. 어린아이인 데레사는 그 고독을 웅대성을 통해 덮어 감추려 했습니다. 데레사는 온 가족을 쥐락펴락하는 어린 왕이었습니다. 가족 모두가 어린 데레사를 돌봐야 했습니다. 웅대성이 통하지 않을 때는 우울함으로 고독에 반응했습니다. 감정을 포기하거나, 지나치게 순응하거나, 뒤로 물러서는 행동을 보였습니다. 데레사는 특히 집 밖에서, 가령 학교에서 그런 반응을 보였습니다.

수도원에 들어간 뒤로는 웅대함을 향한 의지를 영성으로 옮겼습니다. 데레사는 자신의 고독과 상처를 일단 마주하지 않으려 했습니다. 데레사는 하느님을 외과 의사로 상상했습니다. 자신이 잠든 사이 상처를 낫게 해 주시리라 기대했습니다. 그러니 자신은 아무것도 할 필요가 없었습니다. 데레사가 어린 시절에 자신을 웅대한 존재로 상상한 것은 스스로를 예수님의 사랑받는 작은 아이로 여긴 데서 드러납니다. 그렇다면 자신이 작은 존재로 머물수록, 자신의 작음으로 응석을 부릴수록 저 위로, 하늘로 오르기가 수월할 것입니다. 스스로 '작은 길'이라 부른 그 첫째 길이 데레사를 거룩함으로 이끌었습니다. 그 길에서 데레사는 몸과 마음을 다해 노력할 필요도, 애써 떨치려 했던 상처를 직면할 필요도 없었습니다. 그 길에서 데레사는 성장하지 않아도 되었습니다. 작은 존재로 머물러도 괜찮았습니다. 그러나 여기서 말하는 이 '작음'에는 데레사가 아버지와의 관계, 언니들과의 관계에서 이미 드러낸 바 있던 '웅대함'이 엿보입니다. 데레사는 다른 모든 사람이 돌봐야 할, 예수님도 돌봐 줘야 할 사랑받는 작은 아이입니다. 그러니 달라질 필요가 없습니다. 데레사는 '아버지의 공주'요 '예수님의 사랑받는 아이'로 머물러 있습니다. 이런 길은 한 가지 전형적 위험을 보여 줍니다. 나르시시즘에 빠진 인격을 웅대한 영성을 통해 보상하는 것입니다. 이 같은 유형의 영성은 치유적이지 않습니다. 자신이 받은 상처에 대한 보상에 불과합니다.

  그렇지만 데레사는 자신의 나르시시즘을 진정으로 치유할 길을 발견합니다. 하느님의 사랑은 언제나 가장 깊은 곳을 찾는 물과 같습니다. 인간의 영혼 속에서 가장 깊은 곳을 찾는 하느님의 은총, 이 표상이 데레사로 하여금 자신의 주위만 맴도는 나르시시즘에서 벗어나게 했습니다. 이제 데레사는 하느님과 만납니다.

이제 데레사는 하느님께 자기 자신을 내보입니다. 자신의 고독, 어둠, 내적 혼돈을 그대로 내보입니다. 이제 데레사는 용기 내서 자신의 진실을 마주합니다. 더 이상은 스스로를 남들 위에 세우면서 진실을 피하지 않습니다. 이제 데레사는 자신의 무력함 또한 마주하며, 좋은 수도자가 되기 위해 애씁니다. 데레사는 자신의 감정, 상처, 신경과민, 그리고 갖가지 정신적·육체적 약함을 하느님께 내보입니다. 그러면서 하느님의 사랑이 물처럼 자기 영혼 깊은 곳에 흘러드는 것을 체험합니다. 더 이상 그의 내면에는 하느님과 분리된 것이 아무것도 없습니다. 데레사는 바로 자신의 약함 속에서 하느님의 사랑을 체험합니다. 그것이 그의 약함을 바꾸어 놓았습니다. 데레사는 자신의 약함으로 응석을 부리지 않고 성장해 나갑니다. 그분께 진실을 내보이고, 그분의 사랑이 스며들어, 자신이 달라졌기 때문입니다.

자신의 무력함과 상처, 고통을 하느님께 내보일 때, 그분 사랑이 우리 영혼 깊은 곳에 흘러들고, 모든 것에 스며들어, 온통 달라질 수 있습니다. 동시에 이러한 영성의 길은 우리를 치유하며 자유롭게 해 줍니다. 이 길은 큰 업적을 세워 하느님 앞에서 자신을 증명해야 한다는 압박, 그로써 자신을 남들 위에 세워야 한다는 압박에서 벗어나게 해 줍니다. 데레사는 이 '작은 길'을 걸으며 모든 사람과 마음을 같이합니다. 데레사는 다른 사람과 똑같은 곤경, 똑같은 절망과 고독을 겪습니다. 그러나 그로써 더 이상 응석을 부리지는 않습니다. 데레사가 그것들을 정직하게 내보이자, 그분의 사랑이 그 안에 들어옵니다. 인간존재의 깊은 곳으로 내려가는 용기, 이것이 진정한 겸손입니다. 그러면 존재 깊은 곳이 하느님의 사랑으로 가득 차고, 자신의 웅대한 자아상과 모순되어 외면하려 하는 영역 또한 사랑으로 가득 찹니다. 이제 데레사는 일상에서 끊임없이 자신의 약함을 발견합니다. 동료 수도자들에게 예민하게 반응할 때마다, 변덕맞고 성마르며 공격적인 모습을 보일 때마다, 낙담하고 절망할 때마다 약함을 확인합니다. 데레사는 그분 사랑이 흘러들도록 제 약함을 드러내서 바칩니다. 이에 관해 요터란트는 이렇게 씁니다.

> 그 성인은 용기 내서 자신의 약함을 바라볼 때마다 그분 사랑으로 채워졌음을 자각했다. 그 자각에 힘입어 성인은 일상의 상황을 이용하여 자신과의 지나친 관계를 끊어 냈다(Jotterand 49).

동료 수도자들과 공동생활을 하면서 자신에게 드러난 약함 속에 하느님의 사랑이 흘러들게 한 그 길이 데레사를 일상으로 이끕니다. 데레사는 더 이상 영성을 일상에서 달아나는 데 써먹지 않습니다. 오히려 일상을 아주 새로운 방식으로 다스리는 데 씁니다. 그리고 이 영성은 데레사에게 일종의 경쾌함을 선사합니다. 데레사는 나쁜 기분이나 분노, 염증의 의미에 대해 골몰하지 않습니다. 그런 감정들을 그저 알아채고 그분 사랑이 그 속에 흘러들게끔 합니다. 이전에는 소심하고 편협했던 그 수도자는

　　이제 더는 아무것도 잘못할 수 없다는 자각(Jotterand 49)

에 이릅니다. 데레사 성인의 이 체험을 우리에게 적용해 본다면 이렇게 말할 수 있습니다. 자기 자신에 대한, 자신의 신비체험에 대한 웅대한 표상을 통해 나르시시즘을 강화하는 영성이 있는 한편, 또한 나르시시즘을 치유하는 영성도 있습니다.

　　나르시시스트들은 자신이 체험하게 되는 모든 것을 자기 자신과 연관 짓는 경향이 있다. 그래서 그들은 곧잘 화를 낸다. 배우자의 기분이 나쁜 것, 누군가의 부주의로 더러운 물이 튄 것, 심지어 주말 날씨가 나쁜 것조차 그들은 자신에게 반대하는 행위로 인지할 수 있다. … 나르시시스트들은 사소해도 언짢은 일이 있으면 언제든 거대한 연극을 만들어 낼 수 있다(Jotterand 51).

'작은 길'이란 내가 가진 분노와 과민, 그리고 고독에 대한 불안을

인지하는 것입니다. 그러나 내가 나 자신을 판단하지는 않습니다. 또 연극을 만들지도 않습니다. 도리어 그 감정들을 하느님의 사랑이 바로 그곳으로 흘러들게 하는 기회로 삼습니다. 이 같은 식으로 나는 예민함에서 서서히 벗어나며 현실감각을 되찾습니다. 나는 주위 세계에 참여합니다. 영성이 나를 일상 가운데로 이끕니다. 이로써 나는 웅대한 표상을 통해 일상에서 달아나는 게 아니라, 하느님으로 말미암아 일상을 다스립니다.

이는 결국 베네딕도의 영성이 의미하는 바이기도 합니다. 베네딕도는 자신의 수도 규칙에서 영성에 대한 웅대한 표상과 수도 공동체에 대한 드높은 이상을 포기합니다. 그는 매일같이 벌어지는 갈등과 다툼을 감안합니다. 그에게 영성은 다름 아닌 갈등을 마주하는 것입니다. "기도하고 일하라"(ora et labora), 곧 기도와 일을 함께 행하면서 베네딕도는 영성을 땅 위에 발 딛게 만들려고 합니다. 영성을 지상과 일상과 구체적으로 연결하려 합니다. 영성은 내가 일에 뛰어드는 데서, 함께 사는 사람들에게, 하느님께 뛰어드는 데서 드러납니다. 나는 무언가에 뛰어들 때 내 주위만 맴도는 나르시시즘에서 벗어납니다. 나는 기도하고 일하는 현실에 뛰어들 때, 일에서 갈등에 뛰어들 때 나의 예민하고 약한 면모를 발견합니다. 일은 나로 하여금 나의 내적 진실과 마주하게 해 줍니다. 나는 하루하루 하는 일에서 내 진실을 확인하고, 그로써 그 안으로 하느님의 사랑이 흘러들게 합니다. 어떤 사람들은 관상 기도에 열을 올리지만 하느님께도, 일에도 뛰어들지 못합니다. 그들은 관상을 자기 자신을 위한 시간을 보내는 것으로 잘못 이해하고 있습니다. 관상은 고된 수련의 길입니다. 그런데 그 길은 나를 일상으로 이끌고 내 일상을 바꾸어 놓는 길이기도 합니다. 빌리기스 예거(Willigis Jäger, 베네딕도회 회원이자 신비가이며 작가이다_옮긴이)는 거듭 강조합니다. 인간을 일상으로 이끌지 않는 신비주의는 그릇된 길입니다.

요즘 나는 현대적으로 보이는 영성의 길이라면 전부 다 시도해 본 사람들을 끊임없이 만납니다. 그들은 선禪 수련을 했습니다. 그들은 자기 주도 심리치료를 배웠습니다. 그들은 성지순례를 떠나 보았고, 일상 속의 영신수련도 했습니다. 그러나 정작 삶은 제대로 살고 있지 못합니다. 이따금 그들을 보면 영적 성과에 대해 압박을 받고 있다는 인상이 듭니다. 그들은 영성을 구실로 자신의 문제에서 달아나고 싶어 합니다. 문제를 바라보고 하느님께 내보이지 않습니다. 그들은 영성을 '웅대성'의 길로 이용하여, 자신의 평범한 인격과 진부한 면모를 마주하지 않으려 합니다. 그들은 영성의 길을 걸으며 자신을 특별한 존재로 여깁니다. 그들은 자신을 위해 무언가를 합니다. 그들은 여느 동료처럼 그리 평범하지 않습니다. 그렇지만 그들이 추구하는 영성은 그들을 변화시키지 못합니다. 그들의 영성은 삶을 주도하는 힘을 상실하게 만들 뿐입니다. 그러한 영성의 길이 그릇된 길임을 깨달으려면 겸손과 명료한 사고가 필요합니다. 자신만을 위한 영성의 길은 바람직하지 않습니다. 그런 의도로 길을 간다면 우리는 잘못된 방향으로 빠질 것입니다. 그러면 우리의 나르시시즘은 치유되지 않고 오히려 강화됩니다.

예수님의 대답

나는 잘못 이해된 관상에 대한 대답을 루카복음서에서 찾았습니다. 루카는 그리스인 지주와 상공업자, 곧 그리스 중산계급을 위해 복음서를 썼습니다. 루카에게 무엇보다 중요한 것은 예수님의 정신을 일상생활에서 구현하는 일입니다. 나는 이를 두 대목에서 제시하려 합니다.

루카는 자신이 쓴 복음서 16장에 세상의 일을 올바로 다루는 법에 대한 예수님의 말씀들을 모아 두었습니다.

지극히 작은 일에 충실한 사람은 큰일에도 충실하고, 지극히 작은 일에 불의한 사람은 큰일에도 불의합니다. 그러므로 여러분이 불의한 재물을 다루는 데도 충실하지 못했다면 누가 여러분에게 참된 것을 맡기겠습니까? 또한 여러분이 남의 것에 충실하지 못했다면 누가 여러분에게 여러분의 것인들 내어 주겠습니까?(루카 16,10-12).

여기서 루카는 예수님의 말씀을 그리스인들의 사고에 맞춰서 말합니다. 그리스인들에게 현세의 것은 작은 것, 무의미한 것, 남의 것입니다. 큰 것, 참된 것, 인간 본질에 맞는 것은 정신이며, 이는 결국 하느님입니다. 그런데 우리가 하느님을 대하는 모습은 현세의 것을 다루는 모습에서 드러나기 마련입니다. 그리고 하느님과의 관계도 우리가 현세의 것, 일상의 것을 다루는 방식에 달려 있습니다. 기도와 묵상을 하면서 일상은 소홀히 한다고 말한다면, 이는 안 될 일입니다. 영성이란 다름 아닌 일상에서 자신의 물건을, 자신에게 주어진 일과 소유를 성실하고 세심하게, 또 주의 깊게 다루는지 여부에서 밝혀집니다.

다른 대목에서 예수님은 도발적 비유를 들어 영성에 대한 당신의 이해를 표현합니다. 예수님은 종을 두고 있는 한 주인에 관해 들려줍니다. 주인은 종이 들일을 마치고 돌아와서 식사를 준비하기를 기다립니다. 예수님은 이런 질문을 던지며 이 비유를 마칩니다.

> 종이 지시받은 대로 했다고 해서 주인이 그에게 고마워하겠습니까? 이처럼 여러분도 지시받은 일을 모두 하고 나서도 "저희는 쓸모없는 종입니다. 저희는 당연히 해야 할 일을 했습니다" 하시오(루카 17,9-10).

나에게 이 말씀은 자신을 남들 위에 세우고 웅대한 존재로 여기는 영성에 대한 예수님의 대답으로 보입니다.

중국철학에는 이런 말이 있습니다. "도道란 평범한 것이다." 예수님께 영성이란 우리가 해야 할 일을 그저 하는 것입니다. 우리가 이 순간 해야 할 일, 우리가 당장 만나고 있는 이 사람에게 해야 할 일, 우리 자신에게 해야 할 일, 하느님께 해야 할 일을 하는 것입니다.

이를 더 냉철히 표현해 보겠습니다. 영성이란 당장 닥친 일을 하는 것입니다. 따라서 당장 해내야 할 일에 대한 직감 또한 필요합니다. 예수님은 일상의 요구들을 회피해서 때때로 위험에 빠지는 바리사이들에게 비유를 들어 설명하며 이렇게 반박합니다.

> 여러분은 사람들 앞에서 스스로 의롭다고 하는 이들입니다. 그러나 하느님께서는 여러분의 마음을 아십니다. 사실 사람들 가운데서 높은 것이 하느님 앞에서는 흉물입니다(루카 16,15).

웅대해 보이는 것이 사실 하느님께는 아주 혐오스럽습니다. 내가 예수님의 정신을 따르고 있는지, 또는 일상의 작은 일, 무의미해 보이는 일을 피해서 웅대한 영적 표상으로 달아나고 있는지는 내가 일상에서 성실하고 주의 깊게 일하고 있는지 여부에서 나타납니다.

루카는 무언가를 대비해서 말하기를 선호합니다. 그래서 쓸모없는 종의 비유 앞에 믿음에 관한 말씀을 넣었습니다. 제자들이 자신들의 믿음을 강하게 해 달라고 청하자 예수님이 답합니다.

> 여러분이 겨자씨 한 알만 한 믿음이라도 갖고 있다면, 이 뽕나무더러 "뿌리째 뽑혀 바다에 심어져라" 하더라도, 그것이 여러분에게 순종할 것입니다(루카 17,6).

이 말씀은 자칫하면 '우월성'으로 오도될 수 있습니다. 우리는 제 믿음으로 마술 같은 일을 해낼 수 있습니다. 그런데 우리는 긴장 속에 살고 있습니다. 한편에는 산을 옮기거나 나무를 뽑을 만한 믿음이 있으면서, 다른 한편에는 당장 닥친 일을 하는 데서 증명되는 믿음, 평범한 일을 하는 데서 드러나는 믿음이 있습니다. 이 긴장을 견뎌 낼 때만 우리는 예수님의 정신으로 사는 것입니다.

4

자신의 주위만 맴도는 사람들

한 사제에게 이런 이야기를 들었습니다. 그는 사목자들을 위한 한 모임에 참가했다가 이튿날 그곳을 떠났습니다. 사람들의 한탄을 더 이상 참을 수 없었습니다. 그 사제는 사람들이 하나같이 자신의 주위만 맴돈다는 인상을 받았습니다. 그들의 관심은 그저 '내'가 잘 지내는 것, '내'가 무거운 짐을 지지 않는 것, 산책을 하고 음악회에 갈 시간을 '내'가 충분히 누리는 것이었습니다. 그 사제는 거기에서 일에 대한 열정도, 영성의 길에 대한 감격도 느끼지 못했습니다. 사목자들이 참가한 프로그램에서 그가 겪은 것은 자신의 주위를 맴도는 나르시시즘뿐이었습니다.

그 사제가 말해 준 것을 나 또한 몇몇 집단 지도자들의 모임에서 겪은 바 있습니다. 그곳에서는 이런 물음들에만 관심이 있었습니다. "우리는 안녕한가?" "우리는 자신을 위한 시간이 충분히 있는가?" 이런 경우 집단을 위해 쓸 수 있는 에너지가 더는 없습니다. 그러니 아무것도 일어나지 않습니다.

나는 25년 동안 청소년 사목을 했습니다. 당시 우리에게 항상 중요했던 것은 예수님께 봉사하는 일이었습니다. 관건은 우리의 안녕이 아니었습니다. 사람들에게 봉사하는 일, 사람들이 하느님 체험을 하도록, 예수 그리스도의 신비에 잠기도록 도와주는 일이었습니다. 우리 팀은 내부적 관계 문제로 씨름하는 게 아니라, 우리를 찾아온 청소년들을 한 팀으로 맞았습니다. 우리는 10명의 리더가 팀을 이루어 250명의 청소년을 돌보았습니다.

프로그램에 참여하는 청소년은 많은데, 팀 인원은 부족한 경우도 있습니다. 그런 팀은 자체적 관계 문제에 많은 에너지를 소모해서 청소년들에게 부담을 안기기도 합니다. 그러면 일의 결실을 얻지 못할 수 있습니다. 일의 기쁨도 생기지 않을 수 있습니다. 사람들이 자신에게 과한 에너지를 소모해서, 정작 누군가를 간절히 필요로 하는 청소년들에게는 마음을 열게 되지 않습니다.

자기 자신에게 소모하는 에너지가 너무 많다는 이야기를 사목

협조자들에게 들을 때마다, 나는 인간의 마음에서 무엇이 일어나고 있는지 이해하려 애씁니다. 나는 사람들을 평가하거나 판단하고 싶지 않습니다. 이해하고 싶습니다. 나는 다름 아닌 영성의 길에 들어선 사람들이나, 영적 부름을 받은 사람들에게서 (긍정적 의미의) 공격적 유형보다 우울한 유형이란 인상을 받을 때가 있습니다. 나는 50년 전에 수도원에 들어갔습니다. 세상을 변화시키기 위해서, 무언가를 움직이기 위해서였습니다. 당시에는 공격성이 중요한 에너지원이었습니다. 우리는 교회를 쇄신할 뜻을 품었고, 예수님의 복음을 새로운 언어로 전하려 했습니다.

그런데 오늘날 이 같은 공격적 에너지를 때로는 찾아볼 수 없어 아쉽습니다. 어떤 사목자들은 공격성을 오히려 교계 제도나 사목 활동 조건에 대한 불만과 불평으로 표현합니다. 그것은 무언기를 움거집는 공격성, 무언가를 달라지게 하는 공격성이 아닙니다. 우울한 이들의 공격성은 남들에 대한 비난으로 표출됩니다. 그런 공격성은 힘을 빼앗고 양심의 가책을 일으킵니다. 미래로 나아가는 길을 열어 주지도 않습니다.

긍정적인 공격성이 결여되면 자신의 욕구만 과도하게 맴돌게 됩니다. 그렇다고 우리 상태가 더 나아지는 것도 아닙니다. 심리학자들은 삶이 흐르지 않으면 건강하게 살지 못한다고 말합니다. 자신을 내어 주는 사람, 흐르는 삶을 사는 사람만이 만족을 알고,

때로 행복을 누립니다. '흐른다'는 것은 내가 나를 붙들지 않는다는 뜻입니다. 나는 나를 그 무엇에 내어 줍니다. 나는 나를 내려놓습니다. 나는 나를 들여보냅니다.

나는 자기 자신에게 빠져 있는 사람들을 만난 적이 있습니다. 그들은 자신의 습관에 빠져 있으며, 그것을 방해받지 않으려 합니다. 그들은 좋은 삶을 살기 위해 자신에게 갖가지 조건을 내거는데, 그래서 어떤 일을 할 시간도 내지 못하고 에너지도 없습니다. 그들은 일을 삶에 반대되는 것으로 여깁니다. 그렇지만 삶의 에너지가 도는 것은 일을 할 때, 어떤 프로젝트에 뛰어들 때, 무언가를 이루어 낼 때, 무엇인가 흐를 때입니다. 어떤 사람들을 보면 흐름의 이미지가 아닌, 멈춤의 이미지가 두드러집니다. 그러나 이 멈춤은 여유가 아닙니다. 나는 그리스인들이 말한 '여유'(schole) 속에서 삶의 본질적인 일들을 숙고하고, 창조적인 생각들을 펼칩니다. 그들의 멈춤은 오히려 이런 감정입니다. '나를 가만히 두시오! 나는 내 삶의 습관을 방해받고 싶지 않습니다.'

무엇보다 멈춰 있는 것을 중요히 여기는 이들에게, 다른 사람들에게 뛰어들라는 말은 무리한 요구입니다. 그들은 이렇게 말합니다. "나는 다른 사람들의 고통에 귀를 기울일 수 없습니다." 그렇지만 사목자란 사람들의 고통에 뛰어드는 사람, 관여하는 사람을 뜻합니다. 내가 나를 내어 줄 때 내 삶이 흐릅니다. 나는 나를 하느님께 내어 주고, 사람들에게 내어 주며, 일에 내어 줍니다. 바로 그렇게 나는 내 '자아'로부터 자유로워집니다. 바로 그렇게 내 삶이 흐릅니다. 바로 그렇게 나에게 삶의 에너지가 돕니다.

그러므로 사람들이 삶을 놓치는 현상의 이면에는 결국 삶의 에너지에 대한 잘못된 관념이 숨어 있습니다. 사람들은 자기 자신을 위한 시간을 보낼 때, 취미나 여행, 휴식을 위한 시간을 보낼 때 살아 있다고 느낍니다. 그러나 삶은 흐르는 것, 꽃피는 것과 연관이 있습니다. 흐르는 것과 꽃피는 것에는 헌신이 필요합니다. 역설적이지만 우리는 자신을 잊을 때 온전히 자기 자신이 됩니다. 그리고 진정 자유로워집니다. 자신을 잊을 때 우리는 온전히 이 순간에 머뭅니다. 반면에 자신만 생각하고 있을 때는 자신의 주위만 맴돌게 됩니다. 그런데 늘 불만족스럽습니다. 자신만 맴돌고 있으니 지루한 탓입니다. 그들은 곧 자신에게 싫증이 날 것입니다. 자신과 쉼 없이 씨름하는 것에 신이 날 사람은 아무도 없습니다.

그러나 자신을 잊는 사람은 진실로 자신이 됩니다. 그들은 자아만 맴도는 게 아니라, 자신의 영혼 깊은 곳에 잠겨 자기 자신을 발견합니다. 지금 이 순간에 나를 잊을 때, 당장 음악을 들을지 아니면 묵상을 할지 고민하기를 멈출 때 나는 누군가에게 뛰어들 수 있습니다. 영성 생활의 목표는 자아로부터의 자유입니다. 그렇지만 어떤 사람들에게는 예수님이 우리에게 요구한 바처럼 제 목숨을 잃는 게 아니라 제 살갗을 구하는 게 더 중요해 보입니다.

그들의 살갗은 젖으면 안 됩니다. 물론 까져도 안 됩니다. 그들은 살갗을 돌보는 것으로써 자신을 잊는 것, 자신을 잃는 것, 어딘가에 뛰어드는 것을 대신합니다. 그렇지만 예수님은 분명히 밝힙니다.

> 사실 제 목숨을 구하려는 사람은 목숨을 잃을 것이요, 나 때문에 또한 복음 때문에 제 목숨을 잃는 사람은 목숨을 구할 것입니다 (마르 8,35).

독일 심리학자 우르줄라 누버Ursula Nuber는 이에 관해 『이기주의의 경우. 자기실현이 왜 빈번히 고독하게 할까』*Die Egoismusfalle. Warum Selbstverwirklichung so oft einsam macht*라는 제목의 책을 썼습니다. 누버에 따르면 오늘날 나르시시즘적 이기주의는 자신의 주위를 맴도는 형태로 나타나고 있습니다. 그 근원은 과거에, 곧 버림받은 체험에 있을 뿐 아니라, 현재에도 있습니다. 누버는 "욕구 원칙의 지배"가 만연한 나르시시즘적 장애의 원인이라고 주장합니다. 그리고 "나는 모든 것을 원합니다. 더군다나 당장!"과 같은 태도가 지금 널리 퍼져 있는 나르시시즘의 전형적 형태라고 말합니다. 이런 나르시시즘 때문에 사람들이 삶을 지나쳐 버리며, 또한 자신의 주위를 맴돌게 됩니다.

> 그들을 둘러싼 세상은 자극으로만 이루어져 있다. 그들은 일반적으로 소비 사회의 유혹에 쉬이 넘어가며, 모든 바람을 즉각 충족한다. 그리고 그들은 주위 사람들도 그런 식으로 바라본다. 주위 사람들을 자신의 흥미와 기분에 따라 이용하는 대상으로 삼는다(Nuber 35).

그들의 구체적인 모습에 대해서는 우르줄라 누버와의 인터뷰에서 한 젊은 남성이 이렇게 말합니다.

> 저는 모든 사람과 즐겁게 대화를 나누는 건 아닙니다. 제게 뭔가 가져다줄 것처럼 보이는 사람하고만 얘기합니다. 그럴 때만 기분 좋게 이야기를 주고받습니다. 사적으로나 일적으로나 저에게 무언가 생겨나지 않는다는 생각이 들 때면 즐겁게 대화를 나누지는 않습니다(Nuber 29).

이런 태도는 자신의 주위만 맴도는 모습으로 통합니다. 나는 삶을 놓칩니다. 내가 변화할 수 있는 진정한 만남이 일어나지 않는 탓입니다. 모든 것이 나의 욕구에 종속됩니다. 그렇지만 내 욕구는 만족을 모르고, 결국 나는 항상 불만스럽습니다. 나는 내가 원하는 바를 절대로 얻지 못합니다.

이렇게 자신만 맴도는 행동을 심리학자 한스 슈미트Hans Schmid는 인간의 본래적 죄, 곧 자신의 삶과 빗나가는 것, 자기 자신을 지나치며 사는 것으로 봅니다. 죄에 해당하는 그리스어(hamartia)에는 '자기 자신과 빗나가는 것'이란 뜻이 있습니다. 슈미트는 말합니다.

> 자기 자신에 대한 죄보다, 곧 삶을 제대로 살지 못한 것보다 더 큰 죄는 없다! 해명을 하거나 책임을 전가할 만한 방편이야 많다. 나의 아버지, 어머니, 배우자, 교회, 사회, 나의 직업 등등 …. 그들은 나에게 맡겨진 단 한 사람, 내가 철저히 책임져야 할 단 한 사람이 있다는 진실을 회피하기 위한 '알리바이'로서 기여한다. 그 사람은 바로 나 자신이다(Schmid 54).

자신의 주위만 맴도는 행동은 본래적 죄일 수 있습니다. 그렇지만 늘 제 탓만 하는 것도 자신만 맴도는 행동의 한 양상입니다. 개인심리학의 창시자 알프레트 아들러Alfred Adler에 따르면, 어떤 사람에게는 지속적 죄책감이 열등감을 극복하고 자기 자신을 중심에 세우기 위한 한 방법일 수 있습니다. 그들은 "비생산적 자책"을 통해 "현실 문제의 해결"에서 면제될 수 있습니다(Goetschi 123).

그들은 죄책감에 빠져서 늘 과거만 맴돕니다. 그런 식으로 현재의 도전을 피하려는 것입니다. 끊임없이 제 죄만 맴도는 행동에 대한 대답으로 아들러는 삶에 대한 책임을 떠맡아, 삶을 스스로 만들어 가라고 조언합니다.

예수님의 대답

자신의 주위만 맴도는 것에 대한, 끊임없는 자책에 대한 예수님의 대답은 '중풍병자 이야기'(마르 2,1-12)에서 찾을 수 있습니다. 끊임없는 자책은 자신만 맴도는 행동의 한 가지 특별한 영적 양상입니다. 네 사람이 중풍 병자가 누워 있는 침상을 지붕을 통해 예수님 발치에 내려보냅니다. 예수님이 치유하여 병자가 다시 걷게 되기를 바랍니다. 그런데 예수님은 병자에게 먼저 이렇게 말씀합니다.

> 아들이여, 그대의 죄들은 용서받았소(마르 2,5).

분명 예수님은 중풍과 그의 죄가 연관이 있음을 알아챘습니다. 하지만 여기서 그의 죄는 하느님의 계명을 어겼다는 의미가 아니라 자신의 삶을 빗나갔다는 의미, 제대로 살지 못한 과오가 있다는 의미입니다. 예수님은 그의 '죄들'(hamartiai), 삶을 빗나가는 그의 행태들을 용서해 줍니다.

가령 그런 행태로는 완벽주의 탓에 내가 할 수 있는 일도 해 보지 않는 경우를 들 수 있습니다. 실수할지 모른다는 불안은 중풍에 걸리게, 곧 마비 상태가 되게 합니다. 또는 웃음거리가 되면 거부를 당할지도 모른다는 불안도 있습니다. 나는 삶의 정당한 요구들을 피합니다. 침상 속에 들어가서 불안으로 묶여 있습니다.

예수님은 중풍병자의 관점부터 바꿔 놓습니다. 이제 그는 자신의 삶을 빗나가는 것, 자신만 맴도는 것을 멈춰야 합니다. 자신에게 서 있을 힘이 충분히 있는지, 모든 것을 똑바로 하고 있는지, 삶을 움켜쥐면 과도한 요구를 받게 되지는 않을지 자꾸만 묻는 것을 그만둬야 합니다. 프로그램에 참가한 사목자들은 주저했습니다. 사람들의 요구에 전부 다 응하더라도 자신을 위한 시간이 충분히 있을지 생각했습니다. 그렇게 자신만 맴도는 행동을 예수님은 다음과 같은 말씀과 함께 쓸어버립니다. "그대의 죄들은 용서받았소." 여기서 용서받는다는 말에 해당하는 그리스어(aphientai)와 라틴어(dimittuntur)에는 '없애 버리다', '떨쳐 버리다'라는 뜻이 있습니다. 그러니 그 말씀을 정확히 말하자면 이렇습니다. "그대 자신에게 빗나가는 것을 놓아 버리시오. 내가 그것을 떨쳐 버립니다." "내가 그대를 풀어 줍니다. 이제 그대의 삶을 마주하시오."

중풍병자는 잘못된 관점을 놓아 버려야 비로소 걸을 수 있습니다. 그것이 두 번째 단계입니다.

예수님이 말씀합니다.

일어나 그대의 침상을 들고 집으로 가시오(마르 2,11).

중풍, 곧 마비 상태는 불안이나 억압과 연관되어 있습니다. 불안은 우리를 마비시키고 폐쇄시킵니다. 우리는 남들 앞에서 웃음거리가 될까 불안해합니다. 우리는 실수할까 불안해합니다. 남들이 나를 비난하거나 부정적으로 평가할까 불안해합니다. 그래서 차라리 침상에 누워 있습니다. 차라리 수동적인 태도를 보입니다. 우리는 침상에서 모든 것을 관망할 수 있습니다. 우리는 관객으로서 모든 것을 더 잘 알게 됩니다. 우리는 남들을 판단하고, 남들이 행여 저지를지도 모를 잘못을 관찰합니다. 그러나 정작 자신은 자리에서 일어나 침상을 들려고 하지 않습니다.

여기서 침상은 폐쇄, 억압, 불확실함을 상징합니다. 뭔가를 확실히 알고 있다면 우리는 기꺼이 일어설 것입니다. 오늘부터 나는 확신합니다. 나를 신뢰합니다. 남들 앞에 설 때 진땀을 흘리지 않습니다. 이제 나는 떨지 않습니다. 목소리도 기어들지 않습니다. 나는 자신감을 가지고 행동합니다.

예수님은 우리에게 다른 길을 보여 줍니다. 우리는 자신의 약함으로부터, 억압과 폐쇄로부터 일어나야 합니다. 우리는 불안을 느끼더라도, 수줍음이 들더라도 일어나야 합니다. 억압되고 폐쇄되어 있어도 괜찮습니다. 얼굴이 빨개지며 수줍어해도 괜찮습니다. 그럼에도 불확실함과 수줍음으로부터 일어나야 합니다. 수줍음이란 침상을 들고 자신의 길을 가야 합니다.

수줍음을 사회공포증으로 진단하여 약물로 대응하면 세상 속에 살더라도 자신과의 관계는 잃고 맙니다. 우리는 진정 상태가 됩니다. 자신의 정서로부터 차단됩니다. 예수님이 우리에게 가리켜 주는 길은 이렇습니다. "일어나시오. 그대의 침상, 그 안전함을 놓아 버리고, 삶에 뛰어드시오. 그대의 침상을 드시오. 더 이상 그대를 침상에 묶어 놓지 말고, 그것을 직접 드시오. 그래야 그대의 길을 갈 수 있소. 그대는 그리될 것이오."

나는 모든 것을 더 잘 알고 있는 사람들을 계속해서 만나게 됩니다. 그들은 이미 사십 대에 이르렀지만, 삶에 뛰어들기 위해 제대로 일어나 본 적이 아직도 없습니다. 그들은 관객 역할에 머물러 있습니다. 자신의 삶을 책임지며 살아가는 사람들을 비판하면서, 아무것도 하지 않는 자신을 정당화합니다. 정치나 경제에 몸담은 사람들, 수도원에 있는 사람들이 자신의 영향력에만 집착한다면 이는 분명 바람직하지 않습니다. 그런 사람들은 자신이 가진 문제를 다른 활동적인 사람들의 것인 양 전가합니다. 그리고 자신이 무덤에서 일어나지 않은 것, 삶에 뛰어들지 않은 것에 대해 갖가지 구실을 댑니다. 일어나 삶에 뛰어들면 상처 또한 받을 것이기 때문입니다. 무덤 속에 있는 편이 그들에게는 더없이 안전합니다. 거기서는 상처받지 않을 것입니다. 그들은 삶보다 무덤의 안식을 더 좋아합니다. 삶에는 언제나 도전이 따릅니다. 삶에 뛰어드는 사람은 상처를 받을지도 모릅니다. 패자가 되어 자리에서 물러날 수도 있습니다. 그렇지만 아무것도 잃지 않으려 하면, 아무것도 얻을 수 없습니다.

5

많은 것을 갖춘 중년들

비단 젊은 시절에만 삶을 놓치는 것은 아닙니다. 중년기에도 놓칠 수 있습니다. 대개 사람들은 중년기에 많은 것을 갖추었습니다. 그들은 자신의 직업에서 자리를 잡았고, 어느 정도 안정된 삶을 누립니다. 이제는 그냥 이대로 살아갈 일만 남았습니다. 그들은 이렇게 느낍니다. "나는 삶을 이루어 냈다. 안착했다. 이제는 끝났다. 투쟁도 끝이다."

어떤 사람들은 전혀 희망하지 않습니다. 무엇인가 새로운 게 아직은 더 있으리라고 희망을 품지 않습니다. 그들에게는 모든 게 그대로 있어야 합니다. 그들은 배불러 있습니다. 그들에게는 새로운 게 하나도 나오지 않습니다. 자신의 삶에서 무엇을 더 실현하고 싶은지에 대해서도 생각하지 않습니다. 때때로 그들을 보면 정말로 무언가 다 끝난 것 같다는 인상이 듭니다.

그들은 삶의 에너지를 잃었습니다. 그들에게 남은 것은 기계적으로 사는 것, 별일 없이 사는 것뿐입니다. 진정한 삶은 더 이상 없습니다. 그들은 자신의 지위를 지키는 데 온 에너지를 쏟아붓습니다. 어떤 이들은 여전히 많은 일을 합니다. 그러나 그들의 일에는 비전이 없습니다. 과연 이게 삶에서 내가 바라는 전부인가 하는 회의가 들어도 그들은 많은 일을 하면서 덮어 버립니다. 그들은 삶의 의미에 대해 이런 의문이 들어도 일로 달아나며 피합니다. '나는 누구를 위해, 또 무엇을 위해 이 모든 걸 하고 있는가?' '내가 하는 일은 의미 있는 일인가?' '내 일은 다른 사람을 행복하게 만드는가?' '아니면 내가 중요한 존재임을 증명하려 하는 것뿐인가?'

신비주의자 요하네스 타울러Johannes Tauler는 일찍이 14세기에 그런 영적 배부름에 주목했습니다. 그리고 영성을 영적 배부름에서 빠져나오는 길로 이해했습니다. 타울러에 따르면 하느님은 갖춘 게 너무 많은 사람, 직업에서 지위가 있는 사람, 집을 세운 사람,

성공을 이룬 사람을 궁지에 몰아서, 그 사람으로 하여금 새롭게 일어나 진정한 삶을 살게 하십니다. 타울러는 '되찾은 은전의 비유'를 그런 의미에서 해석합니다.

> 어떤 부인이, 은전 열 닢을 가지고 있다가 한 닢을 잃게 되면, 등불을 켜고 집 안을 쓸며 찾아낼 때까지 샅샅이 뒤져 보지 않겠습니까? 그러다가 찾아내면 친구들과 이웃들을 불러 모으고 "나와 함께 기뻐해 주십시오. 잃었던 은전을 찾아냈습니다" 하고 말할 것입니다(루카 15,8-9).

타울러는 하느님을 무언가를 찾고 있는 부인에 비유합니다. 하느님은 삶에서 과도하게 갖춘 사람, 모든 게 명확하고 모든 게 예정대로 흘러가는 사람에게서 잃어버린 은선, 잃어버린 중심, 곧 당신께서 그 사람에게 만들어 주었지만 잃어버린 모습을 찾으십니다. 그들은 제 참된 본질에 부합하지 않는 모습과 자신을 동일시합니다.

그들은 주위에서 전해 받은 모습, 곧 성공한 남자나 행복한 여자의 모습에 만족합니다. 사람들과 원만하게 지내는 유쾌한 남자나 자신을 잘 가꾸는 매력적인 여자의 모습에 만족합니다. 그러나 그들은 하느님께서 만들어 준 본래 모습을 간과했습니다. 그들은 그 모습을 찾기를 그만두었습니다.

프리드리히 니체는 말합니다. "나는 인간을 찾고 있다." 그렇지만 사람들은 자신을 찾기를 그만두었습니다. 하느님은 무언가를 찾는 부인처럼 행동하실 것입니다. 그 부인은 잃어버린 은전을 찾으려고 장롱을 옮기고 의자를 책상 위로 올립니다. 바닥도 싹 치웁니다. 그렇게 그분은 많은 것을 갖춘 사람을 궁지와 위기, 내적 곤경에 몰아넣습니다. 그러니 그 사람은 새로운 것을 찾아 나서는 것 말고는 별다른 도리가 없습니다. 하느님은 그 사람을 곤경을 통해 영혼 깊은 곳으로 이끄십니다. 그분은 그 깊은 데서 은전을 찾아내십니다. 당신께서 그에게 만들어 준 유일무이한 모습을 도로 찾으십니다. 그리하여 중년기에 이르러 곤경에 처한 그를 그 유일무이한 모습과 접촉하게 만드십니다.

많은 사람이 중년기에 위기에 빠집니다. 그런 다음 새롭게 길을 나섭니다. 그렇지만 중년기에 내면에서 참된 자기를 찾기를 거부하는 사람들도 적지 않습니다. 그들은 자신이 갖춘 것에 만족합니다. 그들은 가구가 잘 구비된 방에 살고 있습니다. 그래서 내적 중심을 찾기 위해 방을 송두리째 청소해야 하는 수고를 꺼립니다. 그런 사람들에게는 예언자 하까이가 백성들에게 한 말을 적용할 수 있습니다. 백성들은 먼저 자신부터 돌보려 합니다. 하느님의 집, 자신에게 있는 내적 성전은 돌보려 하지 않습니다.

> 주님의 집이 무너져 있는데
> 너희가 지금
> 판벽으로 된 집에서 살 때냐?(하까 1,4).

사람들은 내적 성전을 세우는 대신 잘 갖춰진 집에서 사는 것에 만족합니다. 그러나 그런 삶에는 헛됨이란 뒷맛이 남습니다. 그 뒷맛은 예언자 하까이의 말에서 느낄 수 있습니다.

> 씨앗을 많이 뿌려도 얼마 거두지 못하고
> 먹어도 배부르지 않으며
> 마셔도 만족하지 못하고
> 입어도 따뜻하지 않으며
> 품팔이꾼이 품삯을 받아도
> 구멍 난 주머니에 넣는 꼴이다(하까 1,6).

이 대목은 중년기에 많은 것을 갖춘 사람을 비유적으로 묘사합니다. 그는 많은 일을 합니다. 그러나 그 일은 진정한 열매를 맺지 못합니다. 그 일은 본인을 행복하게 해 주지 않습니다. 가족을 위해 일하지만 가족을 행복하게 해 주지도 않습니다. 먹어도 진정으로 배부르지는 않습니다. 그의 영혼은 주려 있습니다. 마셔도 삶의 기쁨, 에너지를 느끼지는 못합니다. 돈을 벌어도 구멍 난 주머니에 집어넣는 꼴입니다. 그는 이내 다시 몰락할 수 있습니다. 그는 결코 안전하지 않습니다.

예언자 하까이가 자신의 시대에 그랬던 것처럼 우리 시대에도 비슷한 말로써 사람들을 흔들어 깨우는 예언자들이 필요합니다. 당시 바빌론에서 돌아온 이스라엘 백성들은 이렇게 생각했습니다. '우리는 너무 가난해서 성전을 지을 수 없다.' 예언자는 그들에게 답합니다. "너희가 성전을 짓지 않아 가난한 것이다."

흔히들 이렇게 말합니다. "나는 영성에 전념할 수 없습니다." "먹고살 돈부터 벌어야 합니다." "침묵 중에 내면으로 들어갈 시간이 없습니다. 밖에서 할 일이 넘칩니다." 그래도 이는 핑계입니다. 우리는 밖으로만 나돌며, 내적 성전과의 접촉을 상실합니다. 그러면 삶 전체가 암울해집니다. 우리는 많은 것을 갖추었습니다. 모든 게 잘 굴러갑니다. 그러나 그것은 삶을 살아가는 것이 아닙니다. 그저 살아남아 있는 것입니다.

중년기에 많은 것을 갖췄지만 삶을 놓친 사람들은 이렇게 말하는 듯합니다. "내가 해낸 게 자랑스럽군. 이제는 충분히 쉬어도 되겠지." 그런데 그들은 손에서 일을 놓고 쉴 뿐 아니라, 자신의 발전 과정에서도 멈춥니다. 그들은 계속해서 발전하기를 거부합니다. 그들은 '68세대'(1968년 유럽을 비롯한 미국 등지에서 기성 체제에 저항하는 사회변혁 운동을 일으킨 세대이다_옮긴이)가 '속물들'(Spießer)이라 부른 사람들이 되고 맙니다. 이 말에는 나름의 역사가 있습니다. 일찍이 17세기에 대학생들은 창으로 무장한 소시민 중산층을 편협한 속물들로 비난했습니다. 그들은 적들에 맞서서 창으로 도시를 지키려 했습니다.

또한 속물들은 온갖 새로운 것, 온갖 미지의 것에 맞서 자신을 지키는 이들을 의미합니다. 그들은 더 이상 내적 삶을 위한 집을 짓지 않고, 지금껏 지어 놓은 것만 지킵니다. 그들은 자신의 이해관계에만 관심을 둡니다. 그들은 시민운동의 기초를 닦습니다. 그러나 관건은 공익이 아니라, 그저 제 욕구입니다 그들은 모든 게 옛것으로 머물러 있기를 바랍니다. 그 무엇도 그들의 지평을 바꿔서는 안 됩니다. 그 누구도 그들을 방해하면 안 됩니다.

중년기에 이르러 내적으로 경직된 사람들을 보면 나는 때로 깜짝 놀랍니다. 그들에게는 새로운 생각이 나오지 않습니다. 그들은 안녕한 현실에 순응했습니다. 그들의 관심은 안녕을 확보하는 것뿐입니다. 또 그들은 자녀에게 엄격한데, 특히 사춘기에 이른 자녀에게 더 그렇습니다. 그런데 곧잘 자녀는 부모의 어두운 면을 넘겨받습니다. 자녀는 부모에게 보여 주기 위해 삶을 거부합니다. 자신이 본래부터 삶을 거부하는 사람인 양 행동합니다. 자녀는 부모 앞에 거울을 들고 서 있지만, 그 거울을 마주할 준비가 되어 있는 부모는 소수에 불과합니다. 오히려 부모는 자녀가 아무짝에도 쓸모가 없다면서 한탄합니다. 그러면서 삶을 놓치는 것에 대해서는 남들 앞은 물론, 자신 앞에서도 결코 인정하지 않습니다.

사람들은 흔히 내적 경직을 외적 행동을 통해 슬쩍 넘어갑니다. 사람들은 이 '이벤트'에서 저 '이벤트'로 옮겨 다닙니다. 그러면서 자신이 다양한 행사에 관심이 있는 사람이라는 인상이 들게 합니다. 와인 축제나 불꽃 축제, 그리고 무슨 일이 있는 곳이라면 어디라도 흥미를 보입니다. 그러나 그들의 영혼은 더 이상 활발히 움직이지 않습니다. 그들의 영혼은 멈춰 서 있습니다. 삶의 에너지를 잃었습니다. 삶의 에너지는 중년기의 도전에 맞서야만 되찾을 수 있습니다. 이를 위해서는 내면을 향해 길을 떠나야 하며, 삶의 남은 절반을 위해 새롭게 의미를 찾아야 합니다. 그리고 자신이 이 세상에 어떤 자취를 남기고 싶은지 깊이 살펴봐야 합니다.

예수님의 대답

한 율법학자가 영원한 생명을 얻는 방법을 물으며 예수님을 시험합니다. 그는 중년기에 이른 전형적 인물로 보입니다. 그는 삶에 대해 훤히 알고 있고, 모르는 게 없는 사람입니다. 그는 예수님께 영원한 생명을 받으려면 무엇을 해야 하는지 묻지만, 그것은 순전히 사변적 물음입니다. 그는 예수님이 얼마나 지적인 분인지, 예수님이 당신의 말씀에 부합하는 분인지 떠보려 합니다.

예수님은 율법학자의 농간에 넘어가지 않습니다. 도리어 되묻습니다.

> 율법에 무엇이라고 적혀 있습니까? 당신은 그것을 어떻게 알아듣습니까?(루카 10,26).

율법학자가 하느님 사랑과 이웃 사랑이란 두 계명으로 대답하자 예수님은 옳다고 인정합니다. 그런데 한마디 말을 덧붙이며 그를 동요하게 만듭니다.

그대로 하시오. 그러면 살게 될 것입니다(루카 10,27).

중요한 것은 사변적 토론이 아닙니다. 삶에 직접 뛰어드는 일입니다. 율법학자는 현실에 발을 내딛는 것을 거부합니다. 그는 다시 사변적 영역에서 토론을 벌이려 하면서 예수님께 묻습니다.

그러면 누가 저의 이웃입니까?(루카 10,29).

예수님은 '착한 사마리아인의 비유'를 들려줍니다. 그리고 그에게 누가 강도 맞은 사람에게 이웃이 되어 주었는지 묻습니다.

그는 "그에게 자비를 베푼 사람입니다" 하였다. 이에 예수께서는 그에게 "가서 당신도 그렇게 행하시오" 하고 말씀하셨다(루카 10,37).

율법학자는 어떻게 해야 영원한 생명을 받는지, 어떻게 해야 이웃을 사랑할 수 있는지 토론하려 했습니다. 사변적 영역에 머무르려 했습니다. 그렇지만 예수님은 그에 대꾸하지 않고 흥미로운 영적 주제를 제시합니다. "가서 당신도 그렇게 행하시오." 우리는 이 말씀을 못 들은 체할 수 없습니다. 또한 이 말씀을 놓고 깊이 따져 볼 수도 없습니다. 그저 행하면 될 일입니다.

예수님은 그 시대 사람들에게 도전했습니다. 그리고 오늘날 우리에게도 도전하려 합니다. "가서 당신이 들은 바를 행하시오. 당신이 깨달은 바를 행하시오. 영적인 삶이란 어떠한 모습인지, 이 세상에서 어떻게 처신해야 하는지 생각에만 빠져 있는 것을 멈추시오. 가서 당신의 이웃과 함께 있으시오. 가진 것을 다 빼앗긴 채 길가에 누워 있는 이들에게 자비를 베푸시오. 그 제관이나 레위 사람처럼 피해 가지 마시오. 다친 사람에게 다가가 상처에 기름과 포도주를 붓고 싸매 주시오. 그런 다음 그를 그대의 노새에 태워 여관으로 데리고 가서 돌봐 주시오."

복음사가들은 비슷한 상년을 하나 더 전해 줍니다. 한 사람이 예수님께 달려와서 영원한 생명을 받으려면 무엇을 해야 하는지 묻습니다. 예수님은 그에게도 계명을 지키라고 이릅니다. 그는 이미 모두 다 지켜 왔다고 답합니다. 나는 이 남자도 중년기에 있는 사람으로 상상해 봅니다. 그는 바르게 살고자 노력했습니다. 외적 세계에서는 물론이고, 자기 영성에서도 여러모로 잘 갖추었습니다. 그는 모든 일을 올바로 하려고 하고 하느님의 계명을 모두 다 지키려 합니다. 하지만 내심 자신이 무엇인가 부족함을 알고 있습니다.

> 예수께서는 그를 눈여겨보고 대견하게 여기시며 말씀하셨다. "당신에게 한 가지가 부족합니다. 가서 가진 것을 모두 팔아 가난한 사람들에게 주시오. 그러면 하늘나라에서 보물을 차지하게 될 것입니다. 그리고 와서 나를 따르시오"(마르 10,21).

예수님은 그에게서 더욱 나아가려는 갈망을 알아차립니다. 그는 계명을 지킨 것에 만족하지 않습니다. 그는 삶에 더욱 많은 것이 존재함을 느낍니다. 예수님은 이 남자가 무언가 비범한 일을 행할 수 있다고 믿습니다. 소유한 것을 팔아 가난한 이들에게 주리라고 믿습니다. 그것이 모든 이들에게 해당되는 요구는 아닙니다. 그렇지만 예수님은 그런 단호함이 그의 본질에 부합한다고 여깁니다. 그 길을 걸으면 그의 삶은 열매 맺을 것입니다. 하지만 그는 가진 재물이 많아서 슬퍼하며 떠나갑니다. 그는 예수님의 말씀에 응하지 못합니다. 더 단호하며 더 진실하게 살고 싶은 충동이 속으로 있지만 그 충동을 따를 용기가 없습니다. 이는 슬픔과 우울로 이어집니다. 때때로 우울은 내적 충동을 따르지 않았음을 보여 주는 표지입니다. 우리가 삶을 거부하니 우리 영혼이 우울로 반발하는 것입니다. 따라서 우울은 내면의 불안한 음성을 듣고 삶에서 멀어질 게 아니라, 삶으로 뛰어들라는 초대일지 모릅니다.

마태오는 예수님이 온전함을 근거로 그 남자에게 요구를 했다고 전합니다. 어떤 사람이 평범한 것보다 더 나아간 것을 행하려 한다면, 완전해지려 한다면, 하느님의 본질에 참여하려 한다면 제 소유를 파는 것도 좋은 길입니다. 그는 하느님을 위해 완전히 자유로워집니다. 그러면 그의 내면에서 오직 하느님만 다스리십니다. 이와 달리 마르코는 예수님이 그 남자의 특별함을 근거로 요구를 했다고 말합니다. 인간은 저마다 유일무이합니다. 그래서 저마다 내려놓을 것도 서로 다릅니다. 그래야 저마다 본래 모습이 될 수 있습니다. 어떤 사람에게는 내려놓아야 할 것이 자신의 소유입니다. 소유 사제가 인간을 소유하여 미혹시킬 수도 있습니다. 그러면 그는 자신이 가진 것으로만 자신을 규정합니다. 또 어떤 사람에게는 내려놓아야 할 게 낡은 습관입니다. 그들은 다른 곳에서 살거나, 낡은 습관이나 관계를 놓아 버리는 것을 상상조차 못하며, 그렇게 삶을 놓칩니다. 그들은 옛것을 붙들고 있습니다. 그로 인해 그들에게 새것을 기대하고 있는 삶을 놓칩니다. 다른 한편 자신의 삶을 위해 유지하기를 바라는 조건이 많아서 삶을 놓치는 사람도 있습니다. 자신이 살고 있는 지역이나 멋진 집,

해마다 떠나는 여행, 여가, 습관, 측근 등이 그런 조건들입니다.

자신의 삶에 너무 많은 조건을 달아 놓으면 더는 삶을 꾸려 갈 수 없습니다. 여러 조건들에 안전장치를 지나치게 달아 놓으면 새로운 것이 더는 자라나지 못합니다. 삶은 자라남, 새로움과 연관되어 있습니다. 과거만 바라보는 삶은 삶이 아닙니다. 삶은 언제나 미래를 향하기를 바랍니다.

6

진정으로 살지 못한 노년들

노년들과 대화하다 보면 이렇게 한숨짓는 사람들을 점점 더 많이 만나게 됩니다. "저는 헛살았어요." 80대 후반의 한 여성이 이렇게 말했습니다. "저는 늘 순응만 했을 뿐, 제 삶을 진정으로 살지 못했습니다. 어떤 일에도 자신이 없었고, 제 꿈을 실현해 볼 용기도 내지 못했습니다. 제가 해내지 못할까 봐 불안했습니다. 그냥 제 역할을 다하는 데 만족했습니다. 직장에서는 어느 정도 성공해 보려고 했지만, 그게 제 삶에는 무의미했습니다. 이제 저는 늙었고, 모든 게 부질없다는 생각이 듭니다. 저는 헛살았습니다."

노년들에게 헛살았다는 말을 들을 때마다 나는 마음이 아픕니다. 그런 사람들에게는 이렇게 대답해 주려고 합니다. "뭔가를 시작하기에 너무 늦은 때란 없습니다. 당신이 살아온 삶을 존중하세요. 행여 그게 진정한 삶이 아니었다는 생각이 들더라도 말입니다. 당신은 노년입니다. 어쨌든 당신의 삶을 살아 낸 겁니다. 이루지 못한 것을 슬퍼하지 말고 당신이 해낸 것에 감사하세요. 당신은 온갖 일을 겪으며 지금 이 나이에 이르렀습니다. (당신이 상상한 바에 부합하지 않더라도) 살아온 삶과 화해한다면, 당신은 이 세상에 당신 삶의 자취를 남기게 됩니다. 그러면 당신 삶의 자취가 화해와 감사의 흔적이 될 수 있습니다. 당신과 비슷한 감정을 경험하는 이들에게도 희망을 전해 줄 수 있습니다."

고령임에도 직접 몸을 움직이며, 더 신중하고 의식적으로 살기 시작한 사람들도 나는 적잖이 만납니다. 그들은 자신의 평범한 삶과 화해하려 노력했습니다. 그러자 그들에게서 행복이 흘러나왔습니다. 사람들이 그들과 즐겁게 어울렸습니다. 내가 이끄는 영성 프로그램에도 그런 노년들이 때로 참여하는데, 그들이 다른 참여자들에게 존경을 받는 모습을 계속 보게 됩니다. 그들은 80세가 넘었지만 새로운 것을 체험하려 했습니다. 강의를 들을 뿐 아니라, 실습도 직접 하고, 다른 사람들과 대화를 나누며 마음도 열었습니다. 그것은 50대 후반이나 60대 초반에 있는 사람들에게 희망의 표지였습니다. 그들은 삶의 에너지가 넘치는 모습을 보여 주었습니다. 그들이 삶을 추구하며, 그로써 다른 이들에게 에너지를 발산하는 것은 그들이 만족하고 있지 못해서가 아닙니다. 여태껏 제대로 살아 보지 못했음을 자각했기 때문입니다.

그러나 나는 놓쳐 버린 삶, 살아 보지 못한 삶에 고정되어 있는 노년들도 만납니다. 그들은 자신의 과거를 한탄합니다. 자신이 삶을 제대로 살지 못하게 만든 사람들을 비난합니다. 자신을 집안에 붙잡아 둔 부모를 원망합니다. 그들은 언제나 부모를 돌봐야 했습니다. 그래도 부모를 비난하면 결국 나 자신을 비난하는 셈입니다. 내가 나를 거부하는 것입니다. 그렇다면 내가 내 길을 독자적으로 가지 못하고 비좁은 부모 집에 머문 것을 슬퍼하는 편이 차라리 낫습니다. 그럼에도 그들은 내가 부모를 돌보았다는 사실, 부모를 감당했다는 사실, 부모를 위해 내 삶을 바쳤다는 사실도 존중해야 합니다.

어떤 여성들은 그저 자녀만 위해 살았다는 감정을 가지고 있습니다. 그런데 자녀는 자신의 헌신에 고마워하기는커녕, 매번 요구만 합니다. 자신의 삶을 스스로 움켜잡는 대신에 돈 좀 달라고, 뒷바라지해 달라고 졸라 댑니다. 또한 어떤 여성들은 남편이 직장에서 열심히 일하여, 성공의 사다리에 더 높이 오르도록 부지런히 내조했습니다. 그러나 남편은 성공을 이루자 떠나갔습니다. 그들은 자신이 헛되게 살았다고 생각합니다. 남편을 위해 헌신한 삶이 헛되다는 것입니다.

나는 세계대전 이후 대학에 갈 기회가 없었거나, 자신이 바란 직업교육을 받지 못한 노년들을 많이 알고 있습니다. 그들은 가족을 먹여 살리려 온 힘을 다했습니다. 그러나 자신의 희생을 보상받지 못했습니다. 어떤 사람들은 문득 깨닫습니다. '나는 오직 성공을 위해 살았다. 하지만 성공은 덧없는 것이다. 나는 나 자신을 소홀히 대했다. 나는 진정한 삶을 살아 보지 못했다.' 그들에게는 슬픔과 고통이 따릅니다. 여기서 중요한 것은 고통을 허락하는 일입니다. 내가 고통 속에 들어가야, 살아 보지 못한 삶을 슬퍼해야 비로소 삶이 달라질 수 있습니다. 그리고 나의 과거와 화해할 수 있습니다.

우리는 슬픔을 겪으며 고통 속에 들어갑니다. 하지만 고통 속에 고정되어 있지 않습니다. 우리는 영혼 깊은 곳에 들어갑니다. 그곳에서 내적 평화를 발견합니다. 우리는 하느님이 만들어 놓은 자신의 유일무이한 모습을 찾아냅니다. 그러나 많은 사람이 용기 내어 고통 속에 들어가지 못합니다. 그들은 한탄을 하거나 자기연민에 빠지며, 아니면 남들을 비난하면서 주위에 고통을 전가합니다. 또한 어떤 사람들은 자신이 살아 보지 못한 삶을 탓하며 고립됩니다. 한탄이나 비난을 언제까지나 들어 줄 사람은 없습니다. 그래서 그들의 상태는 점점 더 감당하기 어려워집니다. 그들은 용기 내지 못합니다. 살아 보지 못한 삶을 슬퍼하지 못하고, 그로써 그 삶을 새로운 삶의 에너지로 바꿔 놓지도 못합니다. 그들은 그 책임을 남들 탓으로 돌리면서 놓쳐 버린 삶에 고정되어 있습니다.

물론 놓쳐 버린 삶을 외적 활동 뒤로 숨기는 노년들도 있습니다. 그들은 다양한 외적 활동으로 권태를 몰아내지만, 노년기에 본래 이루어야 할 것들은 피합니다. 자신의 과거와 화해하기, 노년의 온유와 지혜를 터득하기, 불필요한 존재가 되어 가는 과정과 고독을 감내하기 등을 꺼립니다. 자신의 과거와 화해하는 사람에게서는 삶의 에너지가 흘러나옵니다. 그런 사람은 많은 사람과 접촉하지 않더라도 자신의 삶을 놓치지 않습니다. 사람들은 그런 이들에게 에너지가 넘치고 있음을 느끼며, 그들을 기꺼이 만납니다.

반면 고독 속에 숨는 노년들도 있습니다. 그들은 더 이상 집 밖에 나오지 않습니다. 더는 아무것도 시도하지 않고, 자녀나 손주들이 오기만 기다립니다. 더 이상 삶을 주도적으로 살지 않으니, 다른 삶들이 찾아오기를 기다리는 것입니다. 손주들은 그들을 새

삶으로 끌어낼 수 있습니다. 다만 그들이 거기에 응할 준비가 되어 있어야만 합니다. 그러면 그들은 활짝 피어나 자신 안에서 새로운 가능성을 발견할 것입니다. 그들은 손주들을 신뢰하며, 손주들과 함께 그들 자신의 길을 함께 걷습니다. 그러나 자신의 경직된 면을 슬쩍 넘겨 버리려고 손주들을 부른다면, 결국 손주들을 이용해 먹는 셈입니다. 아이들은 눈치가 빠릅니다. 자신이 환대받고 있는지, 그러니 자신을 있는 그대로 보여 줘도 되는지, 아니면 할머니나 할아버지에게 다 빠져 버린 에너지를 자신이 채워 줘야 하는지 금세 알아챕니다.

예수님의 대답

삶을 살아 보지 못하고 놓쳐 버린 노년들에게 해 줄 대답을 찾다가 '하혈하는 부인의 치유 이야기'(마르 5,21-34)가 눈에 띄었습니다. 그 부인은 병을 고치려고 가진 것을 모두 쏟아부었습니다. 그는 누군가가 봐 주기를 바라며, 모든 것을 내줍니다. 그는 이제 아무런 힘도 느끼지 못합니다. 피도 다 빠져 나가고, 삶의 에너지도 전부 다 빠졌습니다. 이 의사 저 의사를 찾아다니며 도움을 구했지만 상태만 더 나빠졌습니다.

이러한 모습은 일부 노년들에게도 나타납니다. 그들은 여러 의사를 전전합니다. 배우자니 친구들에게 관심을 받고 싶은 갈망이 채워지지 않으니 의사의 관심을 구합니다. 하지만 잘될 리 없습니다. 의사는 그들을 환자로 볼 뿐, 유일무이한 여자, 또는 남자로 봐 주지 않습니다.

특히 노년 여성들은 모든 것을 내주었습니다. 그들은 가족을 위해 온 힘을 다했고 노부모도 돌보았습니다. 그러나 이제는 자신 안에 아무런 힘이 남아 있지 않다고 느낍니다. 정작 도움과 관심이 필요한 것은 지금인데, 자신을 위해 줄 사람이 아무도 없습니다. 그래서 씁쓸해하는 사람들도 있습니다.

하혈하는 부인의 치유는 그가 무엇인가 행동한 데서 시작됩니다. 그는 자신의 삶에서 충분히 주었습니다. 이제 그는 용기 내어 예수님의 옷자락에 손을 댑니다. 그러자 이내 하혈이 멎습니다. 그가 삶을 놓쳤다고 공감하는 노인들이 많을 것입니다. 그는 늘 주기만 하고 아무것도 받지 못했으며, 또한 자신에게 베풀지도 못했기 때문입니다. 주는 것 자체에서 기쁨을 느낀다면 이는 바람직합니다. 그렇지만 줌으로써 무엇인가 받을 것을 내심 기대한다면 뜻대로 되지 않을 것이며, 누군가는 하혈하는 부인과 같은 처지가 될 것입니다. 점점 더 약해지고 병세도 악화됩니다.

   예수님은 그 부인을 바라봅니다. 그를 유일무이한 사람으로 받아들입니다. 그리고 이렇게 이릅니다.

> 딸이여, 그대의 믿음이 그대를 구원하였소. 평안히 가시오(마르 5,34).

아마도 그는 병이 나은 뒤로 예수님 곁에 머물고 싶었을 것입니다. 하지만 가야 합니다. 앞으로 나아가야 합니다. 그런데 그냥 아무렇게나 가는 게 아니라, 평화롭게 가야 합니다. 이 대목이 라틴어 성경에는 "평화롭게 길을 가시오"(Vade in pace)라고 되어 있는데, 그리스어 성경에는 "평화로 들어가시오"(Hypage eis eirenen)라고 표현되어 있습니다. 이 말씀은 이러한 의미일 것입니다. "당신은 내게서 떠나 평화로 들어가야 합니다. 평화가 그대를 기다리고 있습니다. 그러나 평화로 들어가려면 평화를 항상 마음에 그리고 있어야 합니다. 그대가 가는 길의 목표는 평화입니다. 그대 자신과, 그리고 삶과 화해하는 길로 들어가십시오."

그러니 예수님의 말씀은 이런 뜻입니다. "그대는 병이 나으면서 평화를 체험했소. 이제 이 평화로 더 깊이 들어가시오. 이 평화는 그대에게 단 한 번만 선사된 것이 아니오. 그대는 평화로 깊이 들어가야 하오." 그는 더 이상 이 의사 저 의사를 찾으면 안 됩니다. 평화로, 곧 자신과의 일치, 자신과의 화해로 들어가야 합니다.

평화로 들어가면 인정과 관심을 향한 갈망도 가라앉을 것입니다. 그는 자신을 마주합니다. 자기 자신을 인정합니다. 관심을 별로 받지 못한다며 한탄하는 대신, 다른 사람에게 지금 받고 있는 관심에 감사할 줄 압니다.

많은 노년들이 삶을 놓쳤다고 여기면서 우울해합니다. 여기서 우울은 살아 보지 못한 삶에 대한 표현입니다. 사람들은 살지 못한 삶을 슬퍼하는 대신 우울로 달아납니다. 우울한 상태에 빠진 채로, 놓친 삶을 앞에 두고 눈을 감아 버립니다.

이와 같이 자신 안에 갇혀 있는 모습에 대해서는 '벳사이다의 눈먼 이를 고친 이야기'(마르 8,22-26)에서 예수님의 대답을 찾았습니다. 예수님은 오직 그 눈먼 이와 함께 있으려고 그를 마을 밖으로 데려 나갑니다. 그리고 그의 두 눈에 침을 발라 고쳐 줍니다.

이는 엄마 같은 몸짓입니다. 엄마는 평가하지 않습니다. 예수님도 눈먼 이를 평가하지 않습니다. 그리고 노년에 이른 이들의 우울도 평가하지 않습니다. 예수님은 눈먼 이의 눈에 다정스레 손을 얹습니다. 그로써 그가 용기 내어 눈을 뜨고 살아 보지 못한 삶을 바라보게 합니다.

그런데 그분은 두 번이나 그렇게 하는데, 첫 번째에는 눈먼 이가 사람들을 걸어 다니는 나무처럼, 곧 희미한 윤곽으로만 봅니다. 두 번째가 되어서야 그는 용기 있게 두 눈으로 현실을 봅니다. 그런 다음 예수님은 그를 집으로 보내며 이렇게 말씀합니다.

> 그 마을로 들어가지는 마시오(마르 8,26).

눈먼 이는 그를 보고 놀랄 마을 사람들에게 가지 말아야 합니다. 그는 혼자서 가야 합니다. 그래야 제 내면에서 새로운 시각을 얻어 낼 수 있습니다.

자신의 삶을 산다는 말은 때로는 혼자서 길을 걷는다는 뜻입니다. 다른 사람들과 늘 붙어산다면 그들의 시각에 쉽사리 의존하게 됩니다. 예수님이 우리의 눈을 열어 주는 것은, 우리가 자신의 삶을 자신의 눈으로 바라보게 하기 위해서입니다. 새로운 시각을 얻어 내려면 그 마을로 들어가지 않는 것, 곧장 사람들을 찾지 않는 것이 중요합니다. 삶의 길을 찾는다는 것은 전적으로 자신만의 과제이기도 합니다. 이를 위해서는 뒤로 물러나서 깊이 생각하는 시간이 필요합니다. 그럼에도 결국 나는 일단 가야만 합니다. 나를 삶으로 이끄는 길로 떠나야 합니다. 이는 곧 이러한 뜻입니다. '자신의 길을 가는 데 너무 늦은 때란 없다.' 지금껏 내 삶을 놓쳤더라도 나는 이제부터 눈을 크게 뜨고 삶을 통과해 가면서 나만의 길을 찾을 수 있습니다. 나는 이 세상에 나만의 고유한 자취를 남길 수 있습니다.

예수님께 오는 눈먼 이가 한 사람 더 있습니다. 바르티매오라는 눈먼 거지입니다. 예수님은 그에게 이렇게 이릅니다.

> "가시오. 당신의 믿음이 당신을 구원했습니다" 하고 말씀하셨다. 그러자 즉시 그는 다시 보게 되었다. 그리고 예수를 따라 길을 나섰다(마르 10,52).

예수님이 손을 얹었다면 그 눈먼 이는 분명 치유 체험을 했을 것입니다. 하지만 그분은 그리하는 대신, 그에게 길을 가게 합니다. 그리고 그가 길을 떠나면서 치유가 일어납니다.

삶을 놓친 이들이 보기에는 예수님의 이런 행동이 전혀 이해하지 못할 일입니다. 많은 사람이 안전장치를 마련해 놓으려다가 자신의 삶을 놓칩니다. 그들은 우선 의사나 심리치료사를 찾아가서 자신이 건강하다는 것을 확인받으려 합니다. 그런 다음에야 자신의 삶을 슬슬 설계하려 합니다. 그렇지만 예수님은 반대로 합니다. 그분은 눈먼 이에게 일단 가게 합니다. 그리고 그는 길을 떠나면서 치유를 체험합니다. 이제 사람들은 자신의 삶이 성공하리라고 확신하기 전에는 한 걸음도 떼지 않습니다. 예수님은 그 눈먼 이가 아무것도 안 보이더라도 첫걸음을 내디디리라고 믿습니다. 그리고 그는 걷기 시작하며, 바로 그 순간 치유됩니다.

'가는 것'은 '믿는 것'과 연관되어 있습니다. 이는 '아브라함의 이야기'에서도 알 수 있습니다. 하느님께서 그에게 고향과 친족과 아버지의 집을 떠나라고 명합니다. 그리고 믿음의 모범인 아브라함은 떠납니다. 예수님이 눈먼 바르티매오에게 "가시오. 당신의 믿음이 당신을 구원했습니다"라고 한 말씀도 이런 뜻일 것입니다. "당신은 가면서 믿게 됩니다. 길을 가면서 믿음으로 점점 더 깊이 들어갑니다." '가는 것'과 '믿는 것'은 서로 짝을 이룹니다. 그 둘은 서로 함께 강해집니다.

믿음은 내가 신뢰하면서 길을 떠나도록 해 줍니다. 그리고 내가 길을 가면서 믿음과 신뢰는 자랍니다. 이는 예수님이 사마리아 사람에게 한 말씀에도 드러나 있습니다. 예수님이 나병 환자 열 사람을 고쳐 주었는데, 단 한 사람만 돌아와 그분 발치에 엎드려 감사를 드립니다. 그가 바로 그 사마리아 사람입니다. 예수님은 이렇게 말씀합니다.

> 일어나 가시오. 당신의 믿음이 당신을 구원했습니다(루카 17,19).

나는 일어나 가면서 믿음을 체험합니다. 이제 나는 믿고 신뢰하며 나의 길을 계속해서 갈 수 있습니다. 예수님은 삶을 제대로 살지 못했다며 자신을 쉼 없이 비난하는 노년들도 무엇인가 할 수 있다고 신뢰합니다. 또 그분은 그들이 나병 환자처럼 깨끗해질 수 있다고 신뢰하는데, 이는 그들이 자기 자신을 받아들일 수 있다는 뜻이며, 자신이 살아온 삶은 물론 살아 보지 못한 삶도 긍정할 수 있다는 뜻입니다. 나의 삶은 내가 긍정할 수 있을 때 변화합니다. 이제 나는 진정으로 새롭게 살기 시작합니다. 나만의 길을 가기 시작합니다.

7

나는 뭔가를 놓쳤다

사람들과 대화하다 보면 자주 듣는 말이 있습니다. "나는 뭔가 중요한 것을 놓쳤습니다." 젊은이들은 뭔가를 놓칠까 불안해합니다. 젊은이들은 이런저런 경험을 놓칠 수 있습니다. 친구가 호주에 다녀왔다면서 거기서 신나게 지냈다고 자랑하면, 자신도 무조건 그곳으로 가야 한다고 생각합니다. 친구들이 무언가를 해 보이면 자신도 그것을 따라 해야 합니다. 자신의 내적 직감도 그러기를 바라는지 결코 자문하지 않습니다. 자신도 똑같은 여행을 가지 않으면 뭔가를 놓치는 것만 같습니다. 누군가가 '죽이는' 운동에 대해 새로 얘기하면 자신도 거기에 필요한 기구를 곧장 사들입니다. 사람들은 벗어나지 않으려 합니다. 아무것도 놓치지 않으려 합니다.

그런 젊은이들은 텔레비전이나 인터넷에서 보게 되는 것, 당장 잘나가며 유행하는 것을 죄다 따라 해야 합니다. 그렇지 않으면 중요한 것을 놓쳤다는 기분이 듭니다. 그들은 뭔가 특이한 것이라면 전부 다 경험해야 합니다. 다른 사람들이 어떤 것을 했다고 얘기하면 자기도 따라 해야 한다는 압박을 받습니다. 그러나 외적 체험을 놓치지 않으려다가 정작 제 삶을 놓칩니다. 삶에서 중요한 것, 본질적인 것을 놓칩니다. 이는 곧 온전히 자기 자신이 되는 일, 이 세상에 고유한 삶의 자취를 남기는 일입니다.

사람들은 중요한 것을 놓쳤다며 슬퍼합니다. 그러나 삶은 계속됩니다. 어떤 사람은 중년기에 이르러 이렇게 깨닫습니다. "나는 내 어린 시절을 놓쳤습니다. 나는 결코 어린애여서는 안 되었습니다. 나는 너무 일찍 책임을 떠맡아야 했습니다. 나는 어머니나 아버지의 자리를 일찍 대신해야 했는데, 나에게는 감당 못할 요구였습니다. 나는 마음 편히 뛰놀지 못했습니다. 어머니 품에서 보호받는 대신 어머니를 돌봐야 했습니다. 아버지에게는 기댈 수 없었습니다. 아버지는 누군가를 곁에 두고 싶은 욕구를 채우려 나를 이용했습니다."

또 어떤 사람은 이렇게 고백합니다. "학창 시절 나는 지나치게 순응했습니다. 나는 사춘기를 놓쳤습니다. 내 길을 쟁취하지 못했습니다. 그저 순탄하게 나아가는 게 내게는 더 중요했습니다. 나는 부모와 거리를 두고 반항도 하면서 내 정체성을 찾지 못했습니다. 내게 더 중요한 일은 보살핌을 받는 것이었습니다. 내 삶에서 의미 있는 발달단계 하나를 거치지 못했음을 이제서야 알았습니다." 50대에 이르러 뒤늦게 사춘기를 겪는 듯한 사람도 있는데, 흔히 그 과정은 아주 괴로워 보입니다.

그런 사람들은 말합니다. "나는 부모님이 정해 준 대학 전공을 선택했습니다. 내게 맞는 것이 무엇인지 알기 위해 내면의 소리에 전혀 귀 기울이지 않았습니다. 공부에 대한 열정이 없었고, 가능하면 무엇인가 부딪칠 만한 게 없는 길로만 가려 했습니다. 직업을 택할 때도 그랬습니다. 떠밀리면 떠밀리는 대로 살아갔고, 부모님이 하라는 것만 했습니다. 부모님이 하는 말이라면 모두 다 옳게 들렸습니다. 그러나 나 자신에게는 귀 기울이지 않았습니다. 나는 내가 원하는 방향으로 기차를 갈아탈 기회를 놓쳤습니다."

어느 50대 남성은 가정을 놓쳤다고 자책합니다. 그는 오직 일을 위해 살아왔습니다. 아내의 욕구를 무시했고, 자녀들에 대한 책임도 아내에게 떠넘겼습니다. 그는 자녀들의 성장 과정을 함께할 기회를 놓쳤습니다. 이제 자녀들은 더 이상 그가 필요하지 않으며, 작은 조언도 구하지 않습니다. 그는 삶에서 뭔가 근본적인 것을 놓쳤다고 직감합니다. 일에 매달리면서 삶을, 가정과 아버지로서의 역할을 놓쳤습니다.

경영자들을 위한 프로그램을 이끌다 보면 좋은 경력을 쌓은 여성들을 많이 만나게 됩니다. 그 여성들은 자신의 능력을 증명해 보였고, 더 큰 성공을 목표로 삼았습니다. 어느덧 30대 중반이나 후반에 이른 그들은 이렇게 말합니다. "나는 가정을 꾸릴 때를 놓쳤습니다. 나는 아이를 원했습니다. 그러나 이제는 너무 늦어 보입니다. 성공의 쳇바퀴에서 벗어날 수 없습니다. 가정을 이루기에는 시기가 너무 늦었습니다." 이런 의식 탓에 30대 후반의 많은 여성이 심각한 위기에 빠집니다. 그들은 삶의 중요한 단계를 놓쳤습니다. 일에 너무 매여 있었기 때문입니다.

사랑하는 사람이 죽으면 무언가를 놓쳤다는 감정이 더 자주 듭니다. 어머니가 세상을 떠났습니다. 남아 있는 아들과 딸은 이렇게 말합니다. "엄마가 얼마나 중요한 존재였는지 말할 기회를 놓쳤습니다. 엄마가 삶을 어떻게 살아왔는지, 또 어린 시절과 학창 시절을 어떻게 보냈는지 묻지 못했습니다. 나는 알고 싶은 게 많은데, 엄마는 그것을 무덤 속에 가져갔습니다. 나는 엄마의 삶에서 무엇이 중요했는지 함께 이야기할 기회를 놓쳤습니다. 나의 어린 시절과 내게 버거웠던 일에 대해서도 엄마와 얘기하지 못했습니다. 내가 외로울 때, 무시를 당하는 것만 같을 때 엄마는 그 시기를 어떻게 보냈는지 알고 싶었습니다. 아마 엄마도 자기 자신과 씨름했을 것입니다. 그러나 이제야 내가 할 수 있었던 일에 대해 깊이 생각해 봅니다. 나는 엄마의 삶과 내 삶에 대해 함께 이야기할 기회를 놓쳤습니다."

한 어머니는 아들의 죽음을 슬퍼합니다. 아들은 서른 살에 교통사고로 세상을 떠났습니다. 그에게 가장 큰 고통으로 남은 것은, 무엇이 아들의 마음을 움직였는지 함께 대화하지 못한 일입니다. 아들은 다른 도시에서 살았습니다. 그는 멀리 떨어져 있는 아들과 자주 통화했지만, 이제는 이런 생각이 듭니다. '나는 무엇이 아들을 움직였는지, 아들이 내적으로 무엇과 씨름했는지 사실 잘 알지 못했다. 나는 아들에게 그리 애정을 쏟지 않았고, 아들의 내면에서 무슨 일이 일어나고 있는지 별로 관심을 기울이지 않았다.'

죽음에는 결정적인 면이 있습니다. 죽음은 우리가 사랑하는 사람들과 교류하며, 얼마나 많은 것을 놓치는지 보여 줍니다. 우리는 사랑하는 사람들과 함께 살거나 곁에 있습니다. 하지만 마음으로 느낀 바에 대해서는 잘 얘기하지 않습니다. 우리는 흔히 피상적 차원에 머물러 있습니다. 그러다가 누군가 세상을 떠나면 죄책감이 듭니다. 얼마나 많은 것을 행하거나 말할 수 있었는지, 얼마나 많은 것을 행하지도 말하지도 않았는지 우리는 불현듯 깨닫습니다. 이런저런 것을 놓쳤다며 쉼 없이 자신을 비난하는 것은 여기서 도움이 되지 않습니다. 우리는 놓친 것을 슬퍼해야 합니다. 그리고 나아가 우리는 놓친 것이 기억날 때면, 그것을 이제부터 더 의식적이며 주의 깊게 살라는 경고로 이해해야 합니다. 이때는 죽은 아들, 죽은 부모에게 하지 못한 말을 편지로 쓰는 것도 한 방법입니다. 세상을 떠난 그 사람에게 편지를 쓰면서 나는 속내를 모두 털어놓습니다. 그런 다음 죽은 아들, 죽은 부모가 나에게 보내는 편지도 내가 직접 써 봅니다. 많은 사람이 이 연습을 하며 자기비판을 놓아 버리는 데 큰 도움을 얻습니다. 그들은 편지를 쓰면서, 놓쳐 버린 것을 만회하는 데 너무 늦은 때란 없음을 깨닫습니다. 또한 이 연습은 앞으로 더 주의 깊게 살아갈 것, 마음으로 느낀 바를 다른 사람과도 나눌 것을 우리에게 일깨웁니다.

한 여성은 아버지의 죽음을 슬퍼하면서 자신이 아버지와의 관계를 정리하지 못했음을, 아버지와 화해하지 못했음을 알게 되었습니다. 그는 아버지의 삶을 이룬 것이 무엇인지, 아버지가 무엇을 위해 살았는지, 아버지가 왜 그런 모습을 보였는지 함께 대화하지 못했습니다. 이제는 더 이상 아버지와 대화할 수 없습니다. 여기서 관건은 놓친 것을 슬퍼하는 일이며, 그 슬픔을 통해 새로운 걸음을 내딛는 일 또한 중요합니다. 나는 지금도 죽은 아버지와 내적으로 충돌할 수 있습니다. 아버지와 이런저런 문제로 논쟁을 벌인다면 물론 계속 고통스러울 것입니다. 나는 이 고통을 받아들여야 합니다. 그리고 아버지와 함께 문제를 해결하려 노력해야 합니다. 그러면 상황이 더 나아질 것입니다.

예수님의 대답

뭔가를 놓쳤다는 직감에 대해 예수님이 어떤 말씀을 할지 복음서에서 찾다가 두 가지 비유가 떠올랐습니다.

첫 번째는 '선한 포도밭 주인의 비유'(마태 20,1-16)입니다. 한 포도밭 주인이 이른 아침부터 밭에서 일할 일꾼들을 구하고 있습니다. 그 주인은 일꾼들을 찾아 몇 번이고 장터로 나갑니다. 아홉 시쯤, 열두 시와 오후 세 시쯤에 장터를 찾습니다. 오후 다섯 시쯤에도 나가는데, 그때는 일이 끝나기 한 시간 전입니다. 그 주인은 거기에서 멀거니 서 있던 몇몇 사람과 마주칩니다.

> 그들에게 "왜 당신들은 온종일 하는 일 없이 여기 서 있습니까?" 하고 물으니, 그들이 주인에게 "아무도 우리를 고용하지 않았기 때문입니다" 하고 대답했습니다(마태 20,6-7).

이 사람들은 삶을 놓쳤습니다. 아무도 그들을 원하지 않았기 때문입니다. 아무도 그들에게 일을 주지 않았습니다. 그리고 그들도 일거리를 찾는 데 수동적이었습니다. 이는 삶을 놓쳤음을 보여 주는 적합한 표상입니다. 그들은 그저 멀거니 서 있으면서, 다른 사람들이 자신에게서 무언가를 원하기만 기다립니다. 삶을 움켜쥐기 위해, 삶에 대해 무언가를 하기 위해 스스로 주도권을 잡지는 못합니다. 그렇지만 이 비유가 전하는 기쁜 소식은 이런 사람들에게도 시간이 너무 늦지는 않았다는 점입니다. 포도밭에서 일할 시간이 한 시간밖에 없는데도 주인은 그들을 고용합니다. 더구나 그들은 품삯을 받을 때도 첫 번째로 나가서 받을 뿐 아니라, 포도밭에 맨 먼저 와서 열 시간이나 일한 일꾼들과 똑같이, 그 당시 하루 품삯인 한 데나리온을 받습니다.

기쁜 소식은 바로 이것입니다. 내적 부름에 따라 포도밭에 가서 일하기에 우리는 결코 너무 늦지 않았습니다. 놓친 것을 다시 시작하기에 결코 늦지 않았습니다. 무엇보다 중요한 것은 나를 삶으로 추동하는 내적 충동에 마음을 여는 일입니다. 우리는 그저 근심에 잠겨 침울해할 게 아니라, 이제는 내적 부름에 따라야 합니다. 그러면 나의 삶을 살게 됩니다.

나에게 떠오른 두 번째 비유는 '열 처녀의 비유'(마태 25,1-13)입니다. 열 처녀 가운데 다섯은 어리석고 다섯은 슬기로웠습니다. 여기서 '어리석다'는 말은 지적이지 않다는 게 아니라, 하는 일 없이 둔감하게 산다는 의미입니다. 그 처녀들은 모두 혼인 잔치에 초대받았습니다. 그런데 어리석은 처녀들은 등은 가지고 있었지만, 기름은 갖고 있지 않았습니다. 신랑이 늦게 올 경우를 대비해 등과 함께 기름도 그릇에 담아 둬야 했습니다. 그 당시에는 신랑이 늦어지는 게 흔한 일이었는데, 신부 몸값을 두고 오래도록 협상했기 때문입니다.

그렇지만 어리석은 처녀들은 그저 되는 대로 살고 있습니다. 신랑이 늦게 오리라고 예상하지 못합니다. 한밤중에 "보라, 신랑이다" 하고 외치는 소리가 들리자, 그제야 기름을 갖고 있지 않다는 것을 알아차립니다. 슬기로운 처녀들에게 기름을 나누어 달라고 청하지만 그들은 이렇게 답합니다.

> 안 된다. 우리에게도 너희에게도 모자랄 터이니 차라리 상인들한테 가서 너희 것을 사라(마태 25,9).

어리석은 처녀들은 자신을 돌보지 않았습니다. 때는 너무 늦었습니다. 그들은 다른 사람들에게 의지하며, 자신들이 놓친 것을 메워 주기를 바랍니다. 이러한 태도가 엿보이는 사람들이 많습니다. 그들은 되는 대로 살아가면서 이렇게 생각합니다. '다른 사람들이 날 돌봐 줄 거야. 내가 놓친 것을 그들이 꼭 메워 주겠지.' 그렇지만 이 같은 태도는 오래가지 못합니다. 어리석은 처녀들은 슬기로운 처녀들에게 기댈 수 없습니다. 그들은 이제 능동적인 태도를 보여야 합니다. 마을로 가서 기름을 사야 합니다. 그러나 그들이 마을로 간 사이 신랑이 옵니다. 신랑이 혼인 잔치에 들어가고 문은 닫힙니다. 어리석은 처녀들이 기름을 사서 돌아왔을 때는 문이 이미 굳게 닫혀 있었습니다. 그들이 문을 열어 달라고 청하지만, 주인은 말합니다.

> 진실히 그대들에게 이르거니와, 나는 그대들을 모른다(마태 25,12).

이는 '너무 늦게 온 것'에 대한 전형적 표상입니다. 우리는 이에 대한 내용으로 곧잘 꿈을 꾸기도 합니다. 그 의미는 다음과 같습니다. '당신은 과거에 살고 있습니다. 당신은 진정으로 살고 있지 않습니다. 지금 이 순간에 있지 않습니다.' 그래서 예수님은 비유의 끝에서 우리에게 경고합니다.

> 그러니 여러분은 깨어 있으시오. 여러분은 그날과 그 시간을 모르기 때문입니다(마태 25,13).

우리는 깨어 있어야 합니다. 깨어 있는 눈으로 자신의 삶을 살아야 합니다. 되는 대로 살다가는 언젠가 알아차릴 것입니다. '나는 제대로 살지 않았다. 때는 너무 늦었다. 이제 내 내면으로 가는 문은 닫혔다. 내 삶에 주어진 기회를 나는 놓쳤다.' 그렇지만 이 비유는 경고일 뿐 아니라, 우리에게 희망을 주기도 합니다. '지금 눈을 뜬다면 당신은 자신의 삶을 살 것입니다.'

'놓치는 것'과 관련해 떠오르는 이야기가 하나 더 있습니다. 예수님이 '마태오를 부르고 세리들과 함께 음식을 먹은 이야기'(마태 9,9-13)입니다. 세리들은 바른길을 택하지 못했습니다. 그들은 돈에 온 희망을 걸었습니다. 그렇지만 예수님은 그들에게 기회를 줍니다. 그분은 당신이 죄인들을 부르고 헤매는 이들을 바른길로 이끌기 위해 이 세상에 왔다고 자각합니다. 바리사이들도 뭔가를 놓쳤습니다. 그들은 독선에 빠져서 하느님께 부합하는 태도, 곧 자비를 체득하지 못했습니다. 그들은 예수님께 화를 냅니다. 그분이 죄인들에게, 자기 자신을 지나치며 살고 있는 이들에게 기회를 주기 때문입니다. 이에 예수님은 그들에게 답합니다.

> 의사는 건강한 사람들에게 필요한 것이 아니라 앓는 사람들에게 필요합니다. 여러분은 가서 "내가 원하는 것은 자비이지 제사가 아니다" 하신 말씀이 무슨 뜻인가를 배우시오(마태 9,12-13).

여기서 '가서 … 배우시오'라는 표현은 당시 "팔레스티나 지역 라삐들이 쓰던 관용적 표현을 재현"(Grundmann 270)한 말입니다. 예수님은 바리사이들에게 가서 배우라고 요구합니다. '배우는 것'은 단순히 자리에 앉아 있는 행위가 아닙니다. 그것은 '가는 것'을 통해 개시됩니다. 나는 무언가를 배우기 위해 길을 떠나야 합니다. 이에 해당하는 그리스어(*mathein*)에는 '학습하다', '체험하다', '통찰하다', '이해하다'라는 뜻이 있습니다. 관건은 무언가를 암기하는 게 아니라, 통찰하는 것입니다. 이것은 괴로운 과정일 수 있습니다. 이것은 지금까지의 시각과 결별하는 것을 의미합니다. 그리고 이것은 지금까지의 잘못된 시각을 그저 슬퍼하는 것을 넘어서는 일입니다. 그래서 히브리서는 '배우는 것'을 '고난을 겪는 것'(*pathein*)과 연결 짓습니다. 예수님은 고난을 겪음으로써 배웠습니다.

> 그이는 아들이셨지만 고난을 겪음으로써 복종을 배우셨습니다 (히브 5,8).

삶에 뛰어들어 우리 자신과 놓친 삶에 대해 고난을 겪을 때 우리는 진정으로 배웁니다. 우리는 우리 자신에 대해 고난을 겪음으로써 우리의 내적 진실에 다다릅니다. 예수님은 우리로 하여금 결정적인 것을 배우도록 길을 떠나게 합니다. 그리고 그분의 복음에서 결정적인 것이 바로 자비입니다. 희생 제물이나 업적이 아니라 자비가 중요합니다. 그런데 그 자비를 배우기 위해서는 길을 가야 합니다. 따라서 우리는 지금까지 지켜 온 삶의 철학과 결별해야 합니다.

8

약물로 안정을 구하는 사람들

오늘날 널리 퍼져 있는 한 가지 현상이 있습니다. 모든 문제를 즉시 향정신성 약물로 해결하려 드는 것입니다. 그러한 방식으로 사람들은 삶을 피하고 삶을 놓칩니다. 미국의 한 정신과 의사의 견해에 따르면 미국 제약 회사들은 이제 연구보다 마케팅에 더 많은 비용을 지출합니다. 그들은 새로운 치료 가능성을 연구하는 데 아무런 관심이 없습니다. 그들이 연구하는 것이라고는 자신들의 제품을 가능한 한 널리 보급하는 방법뿐입니다. 그래서 그들은 새로운 질병을 계속 만들어 냅니다.

수줍음은 많은 사람이 씨름하고 있는 하나의 특성입니다. 그렇지만 수줍음을 타는 사람들은 흔히 아주 감성적인 사람들일 뿐입니다. 뒤로 물러서는 편을 좋아하는 사람들이 있습니다. 중심에 서는 것을 좋아하는 사람들과 마찬가지로, 그들도 우리 사회가 필요합니다. 그런데 제약 회사들은 수줍어하는 이들을 새로운 잠재 고객으로 발견해서, 수줍음을 사회공포증으로 분류했습니다. 제약 회사들은 우울증 치료를 위해 개발한 약으로 사회 공포증도 치료하고 있습니다. 다만 두 약을 구분하기 위해 색만 자주색으로 바꿨습니다. 제약 회사들은 수줍음을 약물로 처치하며 단일한 인간들을 만들어 냅니다. 그들을 자신의 내면과 단절합니다. 그들은 기능적으로 움직일 뿐, 제대로 살고 있는 게 아닙니다. 그들은 자신의 참된 자기와 접촉하지 못합니다.

  물론 향정신성 약물은 축복일 수도 있습니다. 중증 우울증 환자나 조현병 환자의 경우 정신 질환에 휘둘리지 않기 위해 그런 약물이 필요합니다. 약물을 통해 내적 분열을 해소하는 것입니다. 또한 조울증 환자들도 향정신성 약물의 도움으로 비교적 건강한 삶을 누릴 수 있습니다. 향정신성 약물은 제대로 사용하면 사람들에게 축복이 됩니다. 약물의 투입 덕에 많은 장기 환자가 정신과 병동을 벗어나서 외래 진료를 받으며 어느 정도 정상적인 생활을 합니다. 그러나 오늘날 만연한 위험은 모든 문제에 약물을 투입하여 해결하려 든다는 점입니다. 이제 사람들의 목표는 쉼 없이 기능하는 인간이 되는 것입니다. 사람들은 격렬한 감정 앞에서 자신을 지키려 합니다. 자신의 감정으로부터 자기 자신을 보호하려 합니다. 그렇지만 감정이 없으면 인간은 그저 기능만 하는 기계가 되고 맙니다.

불안과 슬픔은 인간의 본질적 요소입니다. 그런데 우리는 모든 것을 곧장 질병화하는 위험에 처해 있습니다. 무엇인가 불안할 때, 나는 불안 장애를 앓고 있다고 믿을 수 있습니다. 그러나 불안은 인간 본질의 일부입니다. 나는 불안과 대화하면서 내가 잘못된 태도로 살고 있음에 눈뜰 수 있습니다. 나는 항상 완벽하고 싶습니다. 절대로 실수를 저지르고 싶지 않습니다. 언제나 좋은 모습으로 사람들 앞에 서고 싶습니다. 하지만 이 같은 태도는 우리에게 이롭지 않습니다. 우리 영혼이 이런 잘못된 태도에 불안으로 반응한다면 우리는 마땅히 고마워할 일입니다.

불안은 우리 자신과 우리의 삶에 대해 타당한 태도를 발전시킬 것을 요구합니다. 모든 불안을 약물로 억제하면, 우리는 진정한 인간으로 바뀌기를 바라지 않게 됩니다. 우리는 불쾌한 증상에서 벗어나려 합니다. 불안이 내미는 도전을 받아들일 준비가 되어 있지 않습니다.

불안은 우리에게 삶에 대한 태도와 기대를 바꿀 것, 자신의 정도程度에 맞게 살아갈 것을 요구하며 도전합니다. 하지만 우리는 정도를 벗어나서 살아가려 하고, 이로써 결정적 조치를 놓칩니다. 우리 자신의 유한한 존재, 깨지기 쉬운 존재와 화해하지 못하는 것입니다.

슬픔도 이와 비슷합니다. 중세에는 우울이 천재의 특성이었습니다. 우울은 많은 예술가에게 창조의 원천이었고 지금도 그러합니다. 물론 우울도 병이 될 수 있습니다. 하지만 모든 슬픔이 다 병은 아닙니다.

우리는 모든 것을 긍정적으로 보려 하는데, 이런 세상에는 슬픔이 들어설 자리가 없습니다. 슬픔은 우리가 수용해야 하는 중요한 감정입니다. 슬픔을 바라볼 때 우리는 자신이 어떤 유아적 환상에 빠져 있음을 깨닫고는 합니다. 슬픔은 우리에게 거기에서 벗어나라고 요구합니다. 나의 슬픈 감정을 바라보고 그 속으로 들어가면, 그 슬픔이 나를 영혼 깊은 곳으로 인도합니다. 그곳에서 나는 참된 자기를 발견합니다. 슬픔은 영혼 깊은 곳으로 가는 바른길입니다. 슬픔은 나에게 삶이 그저 가볍지도 피상적이지도 않음을 보여 줍니다. 그러나 우리 사회는 피상적인 것을 좋아합니다. 감정은 인간 본질의 일부지만, 우리 사회는 이 감정에 의해 동요되지 않으려고 합니다. 그런 탓에 슬픔이란 감정을 모두 다 우울한 기분이나 아예 우울증의 징후로 여기면서 향정신성 약물로 다스립니다. 우울은 병일 수 있습니다. 이때는 약물이 도움이 됩니다. 하지만 슬픈 감정이 전부 다 우울은 아닙니다.

사랑하는 사람의 죽음으로 인한 슬픔은 본질적으로 삶의 일부입니다. 우리는 슬픔을 건너뛸 수 없습니다. 슬픔을 거쳐 가야, 통과해야 합니다. 그래야 죽은 사람과, 그리고 우리 자신과 새로운 관계를 맺습니다. 어떤 정신과 의사들은 2주 이상 지속되는 슬픔을 향정신성 약물로 치료해야 할 질병으로 분류합니다. 그로써 인간의 근본적인 성숙 과정은 차단됩니다. 거기서 치료 목표는 인간이 다시 기능하는 것, 가능한 한 빨리 정상적인 활동을 재개하는 것, 슬픔으로 주위를 불안정하게 만들지 않는 것입니다. 슬픔을 약물로 억누르면 그 개인이 다시 기능하는 데서 그치지 않고, 그 집단을 억누르게 됩니다. 사람들은 슬픔을 지각하지 않으려 합니다. '슬픔은 존재하면 안 되는 것이다. 슬픔은 우리가 일할 의욕을 내지 못하게 방해하고, 피상적 차원에서 살아가는 것도 방해한다.' 그로써 내면 깊은 곳에 이르는 길이 거부됩니다. 모든 것이 그저 피상적 차원에 머무릅니다. 그렇게 삶을 놓칩니다. 슬픔은 고통을 통과하여 자신의 참된 자기에 이르는 길입니다. 슬픔을 덮어 버리면 자신의 내면 깊은 곳으로 가는 길이 막힙니다. 그러면 영혼 깊은 곳에서 찾을 수 있는 참된 자기와 접촉하지 못합니다.

미국에서는 두 사람 중 하나가 이미 향정신성 약물을 복용하고 있습니다. 독일도 미국을 따라가고 있습니다. 한 여성이 내게 말하기를, 새 학년이 시작될 무렵이면 몇몇 약국에서는 학교에 막 들어가는 아이들에게 입학 불안이 있다면서 이렇게 광고를 한다는 것입니다. "당신의 자녀가 문제없이 학교에 가도록 저희가 돕겠습니다. 학교에서 스트레스를 받아 머리가 아프지 않도록 저희가 도움을 드리겠습니다." 아이들은 벌써부터 약물로 어떤 여지를 차단당합니다. 하지만 새로운 것으로, 모험으로 걸음을 내딛을 기회도 차단당합니다. 사람들은 안정에 대한 인식 때문에, 아무런 일도 생기지 않게 하려는 인식 때문에 아이들을 약물로 틀어막습니다. 이로 인해 아이들은 학교에 들어가서 얻게 되는 학습 단계, 성장 단계를 가로막힙니다. 사람들은 불안정을 허락하지 않습니다. 하지만 안정을 지키려다 삶의 에너지를 잃고, 자기 자신에게 이르는 길도 잃습니다.

삶은 모험입니다. 모험을 피하는 사람은 삶의 도전에 억눌린 채로 늘 불안 속에 살 것입니다. 2014년 1월 14일 『쥐트도이체 차이퉁』*Süddeutsche Zeitung*에 다음과 같은 제목의 기사가 실렸습니다. "자라나는 세대들의 정신과 약. 점점 더 많은 아동과 청소년이 향정신병 약물을 처방받고 있다." 기사에서 베르너 바르텐스

Werner Bartens는 브레멘 출신의 보건경제학자 게르트 글레스케Gerd Glaeske를 인용합니다. "향정신병 약물의 처방 증가가 대단히 우려스럽다. 아동을 순응시키려 쓰는 약물의 범위가 이처럼 효과가 강한 물질로 눈에 띄게 확대되고 있다." 아이들에게 그런 약물을 쓰는 목표는 분명합니다. 순응입니다. 나는 이런 말을 들을 때면 깜짝 놀라지 않을 수 없습니다. "아이들이 제 모습 그대로 자라게 해서는 안 됩니다. 순응시켜야 제 기능을 발휘하게 됩니다."

향정신성 약물은 사람들에게 안정을 약속합니다. 가령 시험을 치를 때 시험 불안으로 머릿속이 하얘지지 않도록 안정을 약속하고, 남들 앞에 나설 때도 안정을 약속합니다. 그래서 사람들이 시험을 앞두고 약을 먹으며, 발표를 하기 전에 약으로 마음을 가라앉힙니다. 사람들은 장례식을 앞두고도 약을 삼키는데 흐느껴 우는 대신, 그런 감정적인 상황을 '쿨'하게 견뎌 내기 위해서입니다. 하지만 안정에 대한 이 같은 인식은 사람들이 진정으로 살지 못하게 방해할 뿐입니다.

'안정한', '안전한'을 뜻하는 독일어 '지허'sicher는 라틴어 '세쿠루스'securus에서 나왔습니다. 이 말은 본래 '걱정 없음'을 의미합니다. '세'se는 '없이'를 뜻하는 '시네'sine에서, '쿠루스'curus는 '걱정'을 뜻하는 '쿠라'cura에서 나왔습니다. 마르틴 하이데거Martin Heidegger에 따르면 인간은 본질적으로 걱정하는 존재입니다. 걱정은 인간의 본질적 요소입니다. 여기서 문제는 걱정을 대하는 우리의 태도입니다.

예수님은 우리에게 우리 삶에 대해, 먹을 것이나 마실 것이나 입을 것에 대해 걱정하지 말라고 요구합니다. 우리는 걱정을 내려놓아야지 억눌러서는 안 됩니다. 그리고 걱정을 하되 본래적인 것을 걱정해야 합니다.

> 그러므로 여러분은 무엇을 먹을까 혹은 무엇을 마실까 혹은 무엇을 입을까 하면서 걱정하지 마시오. 이런 것은 다 이방인들이 힘써 찾는 것입니다. 여러분의 하늘 아버지께서는 이런 것이 다 여러분에게 필요하다는 사실을 알고 계십니다. 여러분은 먼저 하느님의 나라와 그분의 의로움을 찾으시오. 그러면 여러분은 이런 것들도 다 곁들여 받게 될 것입니다(마태 6,31-33).

인간의 걱정에 대해 예수님은, 하느님의 보살핌을 신뢰하고 하느님 나라를 찾는 쪽으로 걱정의 방향을 돌리라고 답합니다. 우리가 추구해야 할 바는 하느님이 우리 안에서 다스리시는 것, 그리고 우리가 불안과 욕구에 휘둘리지 않는 것입니다.

향정신성 약물은 다른 식의 안정을 만들어 냅니다. 약물은 정서를, 인간 본질의 일부인 감정을 안정시킵니다. 기능적인 의미에서 보면 안정시킨다는 것은 무언가를 차단하는 장치를 한다는 뜻입니다. 약물은 삶을 차단하려고 우리 앞에 설치해 둔 안전장치입니다. 약물은 감정, 정서, 불안, 불안정감을 차단하려 하며, 이로써 삶을 차단합니다. 감정은 삶의 에너지의 표현입니다. 감정을 가로막는 사람은 삶에서 가로막힙니다.

수도원 재정 소임을 맡고 있던 시절, 나는 수많은 기업의 대표들과 대화를 나누었습니다. 그들은 대부분 자신감에 찬 모습으로 내 사무실에 들어왔습니다. 그러고는 곧장 자신들이 습득한 대인 전략을 펼치기 시작했습니다. 하지만 나는 그들의 자신감에 별다른 인상을 받지 못했고 대화를 나누며 본질적인 주제로 넘어갔습니다. 그들은 금세 속내를 털어놓았습니다. 과도한 요구를 받고 있다고 느끼며, 약을 먹는다고 했습니다. 겉으로 보이는 안정감은 약물로 만들어진 모습이었습니다. 그렇다고 그들의 속이 편한 것도 아니었습니다. 내가 고객이라면 안정된 모습을 과장하여 드러내는 사람에게는 어떤 것도 구매할 마음이 없습니다. 나는 인간을 느끼고 싶습니다. 그저 기계만 느껴진다면, 나는 그 사람이 내놓는 물건도 신뢰하지 않을 것입니다. 기업 대표들이 약물로 얻은 자신감은 이내 정반대의 결과를 낳습니다. 그들은 인간성이 느껴지는 이들보다 좋은 성과를 거두지 못합니다.

발표를 앞두고 향정신성 약물을 복용하는 사람들도 이와 비슷합니다. 그들은 일단 자신감 있게 발표를 할 것입니다. 그렇지만 청중들과 진정으로 만나지는 못합니다. 그러니 그들의 발표가 청중에게 지속적인 영향을 미치지도 못합니다. 그들은 강한 감정에 휘둘리지 않고 발표를 넘어갔지만, 청중에게 아무 감동도 일으키지 못했습니다. 한 가수가 내게 이렇게 말했습니다. "무대에 오르기 전이면 늘 불안해요. 그렇지만 약을 먹지는 않아요." 그는 불안을 감수합니다. 한편으로 불안은 그의 감각을 깨어나게 하고, 그로써 지금 이 순간에 온전히 머무르게 합니다. 다른 한편으로 불안은 무대에 오를 때마다 빛나기를 바라는 자아의 지배로부터 벗어나게 해 줍니다. 사람들은 그의 노래를 듣고 이렇게 말합니다. "당신은 노래를 그냥 부른 게 아니라, 혼신을 다해서 불렀군요!" 그의 노래는 사람들의 마음에 가닿았습니다. 불안한 마음으로 무대에 오른 그 가수로부터 무엇인가 다른 것이 우러나왔음을 느꼈기 때문입니다. 그 무엇은 하느님으로부터 나온 것, 청중의 마음을 저 깊은 곳에서 건드리는 것이었습니다.

참된 자기, 더없이 내밀한 핵심과 접촉하는 것은 진정한 삶의 일부입니다. 향정신성 약물은 인간을 자신의 근원과 차단합니다. 그런 사람들은 결코 근원에 이르지 못합니다. 그저 피상적 차원에서 살아갑니다. 근원에 이르는 길은 자신의 진실, 곧 내 감정과 욕구, 내 불안과 분노를 거쳐 가며, 또한 나의 슬픔과 죄책감, 감수성도 통과하기 마련입니다. 그런 감정들을 건너뛰면 나는 결코 근원에 이르지 못하고, 나 자신이 되지 못합니다. 나는 내적으로 궁핍해집니다. 인간이 되는 길은 자신의 진실을 거쳐 영혼의 근원으로 이릅니다. 영혼의 근원에 이르지 못하는 사람은 굳게 설 토대가 없습니다. 그들은 바위 위에 집을 짓지 않습니다. 그들은 모래 위에, 곧 착각이란 모래, 남들의 인정이란 모래, 겉으로만 그럴듯한 굳건함을 주는 약물이란 모래 위에 집을 짓습니다.

오늘날 널리 퍼져 있는 또 다른 현상은 ADHD(주의력결핍 과잉행동장애)입니다. ADHD가 있는 아이들은 잠시도 가만히 있지 못하면서 부모를 분노하게 만듭니다. ADHD는 대부분 리탈린Ritalin으로 치료하는데, 이는 심각한 병세에 적절한 처치일 수 있으며, 아이들을 진정시키는 데 도움이 됩니다. 그렇지만 아이들이 항상 진정 상태에 놓일 위험이 있습니다. 이면에 있는 이런 문제는 눈에 띄지 않기 마련입니다.

어떤 교사도 나에게 말하기를 열 살 아들이 보이는 ADHD 증상 때문에 한두 번 분노한 게 아니라고 했습니다. "아들은 요즘 미사 복사를 서고 있습니다. 사실 아들이 산만하게 굴어서 사람들 눈에 안 좋게 보일까 봐 불안했습니다. 그렇지만 정작 복사복을 입은 아들이 제대에서 아주 경건하게 서 있으면서, 정말 침착하게 제 역할에 빠져드는 모습을 보고 적잖이 놀랐습니다." 우리는 이에 대해 대화를 나누다가 함께 깨달았습니다. 무엇인가 더 큰 일에 몰입하는 것, 무엇인가 더 큰 일과 연결되는 것이 아이에게 분명 유효했다는 사실입니다. 산만함은 아이들이 무엇에도 연결되어 있지 않고 아무 데도 묶여 있지 않아 나타나는 징후일지 모릅니다. 아이들이 어떠한 틀도 없고 발 디딜 데도 없어 불안정하다는 징후인 것입니다.

몇몇 심리학자들에 따르면 대체로 ADHD의 원인은 아이들이 부모와 단단히 연결되지 않은 채, 내적 관계를 맺지 못한 채 자신의 삶에 뛰어드는 데 있습니다. 그러므로 아이들이 내적 연결을 체험하는 게 큰 도움이 됩니다. 복사들은 자신보다 더 큰 무언가와 연결되어 있음을 체험합니다. 무엇인가 더 큰 일에 몰입할 때 아이들은 자기 자신을 찾고 참된 자기를 발견할 수 있습니다. 이와 같이 더 큰 일과 연결되면 ADHD가 있는 아이들의 불안정도 진정될 것이며, 이것은 연극 공연이나 축구 경기에서도 체험될 수 있습니다. 연극을 하는 동안 아이들은 자신에게 안정을 주는 역할 속으로 감정을 이입합니다. 자신을 잊고 역할에 몰입하며, 이로써 자신을 새로운 방식으로 체험합니다. 그리고 축구 경기를 하는 동안에는 소속된 팀이 중요합니다. 산만함을 그저 리탈린으로 억누르면 아이들은 전보다 더 진정된 모습으로 기능하겠지만, 자기 자신을 찾지는 못할 것입니다. 제 자신과 차단될 것입니다.

나에게 중요한 것은 향정신성 약물을 사용해야 하는지 여부가 아닙니다. 특정 상황에서는 의심할 여지 없이 약물이 유효하며, 이를 통해 많은 사람이 어느 정도 정상적인 삶을 살 수 있음은 감사할 일입니다. 나에게 관건은 삶의 에너지와 불안정을 모조리 차단하려는 욕망, 약물로 덮어 버리려는 욕망 이면에 어떤 인간상이 숨어 있는가 하는 의문입니다. 그것은 결국 기능적 인간상입니다. 그렇다면 인간은 무엇을 위해 기능해야 하는 것입니까? 그것은 아마 경제를 위해서일 것입니다. 그리고 인간의 신비 앞에, 불가능 앞에 눈을 감는 사회를 위해서일 것입니다.

인간이 도구화되고 있습니다. 인간은 오직 기능해야 유용합니다. 이제는 인간의 생각과 감정이 아닌, 기능만 묻습니다. 이것은 인간존재의 축소화이자 우리 문화의 빈곤화입니다. 이와 같은 문화 부재에 우리는 반발해야 합니다. 십자가에 못 박힌 예수님은 상처 받은 인간상을 보여 줍니다. 그것은 오늘날 널리 퍼져 있는 '쿨'한 인간상과 상반된 모습입니다. 이제 이상적 인간이란 자신의 감정을 냉장고에 얼려 두는 쿨한 인간입니다. 그렇지만 그런 쿨한 인간과는 잘 살 수 없습니다. 그런 사람과는 참된 만남이 일어나지 않습니다. 그런 사람은 냉장고 앞에 앉아 있습니다. 그는 누군가를 방해하지 않습니다. 그러나 누구와도 교류하지 않습니다. 냉장고는 먹을 것이나 마실 것을 꺼낼 때만 열립니다. '쿨한 사람'은 그런 인간상을 선호합니다. 사람들은 당장 필요한 것을 그 사람에게서 꺼내지만, 그 사람은 자기 안에 존엄을 지니고 있지 않습니다. 그 사람은 무언가를 꺼내 쓰는 냉장고로만 사용됩니다.

예수님의 대답

향정신성 약물로 인간의 기능을 보장하고 인간을 자신의 내면과 차단하려 드는 욕망에 대해 예수님이 어떤 말씀을 할지 찾아보았습니다. '보물의 비유와 진주 상인의 비유'(마태 13,44-46)가 눈에 들어왔습니다. 한 사람이 밭에서 보물을 발견합니다. 그러자 그 사람은

> 기뻐하며 돌아가서 가진 것을 모두 팔아 그 밭을 삽니다(마태 13,44).

그는 밭에서 보물을 발견해 감격합니다. 기쁨에 차 돌아가서 큰 모험을 합니다. 기쁨이 그로 하여금 길을 떠나게 하고, 모든 소유를 처분하여 보물이 묻혀 있는 그 밭을 사게 합니다.

이 사람은 여전히 감격할 줄 압니다. 그렇지만 내가 알고 있는 사람들 중에는 그 무엇에도 감격할 줄 모르는 사람들도 있습니다. 그래서 그들은 길을 떠나지도 않습니다. 그들의 눈에는 이런저

런 길이 잘못되었다고 말하면서 주저하는 사람들만 보입니다. 그들은 내적으로 싫증 나 있습니다. 다른 사람들이 어떤 일에 감격하면 그들은 넌지시 거부감을 드러냅니다. 독일 철학자 에드문트 후설Edmund Husserl은 이러한 권태에 주목했습니다.

> 유럽이 처한 가장 큰 위험은 권태다.

권태에 빠지면 그 무엇에도 감격하지 못합니다. 다른 사람들이 길을 찾았다며 기쁨에 넘치면 가만히 거부감을 드러냅니다. 삶에 싫증 난 사람들은 영원한 회의론자입니다. 그들은 아무것도 하지 않는 자신들을 회의적 태도로 합리화합니다. 그들은 감격하는 사람들이라면 모두 다 몽상가로 여기거나 유아적이라고 말합니다. 아이들은 감격할 줄 압니다. 그러나 삶에 싫증 난 사람들은 성인들은 그 단계를 넘어섰다고 주장하면서, 삶에 뛰어들지 않고 삶을 거부하는 자신들을 정당화합니다. 그렇지만 그들에게는 기쁨이 없습니다. 기쁨은 강한 정서입니다. 독일어로 '정서'(Emotion)는 라틴어로 '움직이다'(movere)에서 나왔습니다. 기쁨은 우리를 움직이려 합니다. 이로써 우리가 길을 떠나도록, 자신의 삶에서 본래적인 것을 찾도록, 우리 영혼의 밭에 묻혀 있는 보물을 찾도록 만들고자 합니다.

보물은 밭에 숨겨져 있습니다. 나는 이를 이러한 의미로 받아들입니다. 밭에 있는 보물을 파내려면 나는 손에 흙을 묻혀야 합니다. 땅속 깊은 곳에서 보물을 발견하려면 나는 땅을 파고 들어가야 합니다. 약물은 나를 땅 위에 붙잡아 두려 합니다. 그러면 나는 손에 흙이 묻어 더러워질 일 없이 땅을 파지 않아도 됩니다. 그러나 슬픔과 고통, 혼란스러운 감정을 파고들어 씨름하지 않으면, 나의 시기와 질투, 죄책감 속으로 들어가지 않으면 나는 결코 보물을 발견하지 못하고, 나의 참된 자기와 접촉하지 못하며, 내 영혼의 부富와 늘 단절될 것입니다.

'진주 상인의 비유'도 이와 같이 이해할 수 있습니다. 그 상인 역시 큰 모험을 합니다. 그는 자신이 가지고 있는 것을 모두 처분하여 값진 진주를 삽니다(마태 13,46).

진주는 조개의 상처에서 자랍니다. 내가 내 상처를 바라보고, 그 상처로부터 나아가야 내 영혼 깊은 곳에 이르는 길을 발견할 수 있습니다. 그렇지만 그 상처를 약물로 덮어 버리면, 나는 값진 진주가 마련되어 있는 내적 침묵의 공간에 다다르지 못합니다. 약물로 덮으면 상처는 계속 곪다가 더 이상 아프지 않을 것입니다. 그러나 상처에서 자란 진주를 내 안에서 발견할 기회는 놓치게 됩니다. 빙엔의 힐데가르트에 따르면 인간이 되는 기술이란,

상처를 진주로 변화시키는 것, 상처에서 진주를 발견하는 것, 상처를 통해 나의 참된 능력을 찾아 출발하는 것에 그 본질이 있습니다. 나는 내 영혼 깊은 곳에 있는 값진 자기를 찾아, 나를 내적으로 가득 채워 주는 진정한 부를 찾아 출발해야 합니다.

9

사랑을 놓치지 마라

나는 자신의 직업에 열정을 다해 종사하여 빠른 속도로 성공을 이룬 젊은이들도 많이 만납니다. 그들은 30대 후반에 이르렀는데, 의지가 되는 배우자를 찾아 가정을 이루지 못했음을 그제야 깨닫습니다. 그들은 한순간 딜레마에 빠집니다. 성공의 사다리를 계속해서 오를지, 아니면 삶의 방향을 다른 데로 돌릴지 갈등합니다. 그러다가 때로는 심각한 위기에 빠지기도 합니다. 그들은 직업적 성공만 좇은 탓에 사랑을 놓쳤음을 자각합니다. 그렇지만 사랑은 그리 쉽게 회복되는 게 아닙니다.

어떤 사람들은 가정을 이루고 배우자와 자녀들과 사랑을 나누며 기쁨을 누립니다. 그러다가 문득 일을 더 중요하게 여기기 시작하며 사랑에는 소홀해집니다. 예컨대 부부가 함께 집을 짓습니다. 남편은 둘이서 함께 짓는 집을 사랑의 표현으로 생각합니다. 그런데 집을 짓는다고 정작 사랑과 애정을 나눌 시간이 없습니다. 그렇게 사랑이 날로 더 식어 가지만, 그저 같이 살기만 할 뿐 사랑을 나누지 않지만 조금도 알아차리지 못합니다. 이제 이렇게는 못 살겠다고, 남편의 사랑을 더 이상 느낄 수 없다고 아내가 입을 열자 남편은 깜짝 놀랍니다. 그제야 자신이 사랑을 놓쳤음을 쓰라리게 깨닫습니다. 아내의 반응에 순간 깨어 정신을 차린다면 아직은 사랑을 구할 수 있습니다. 그러나 때가 이미 너무 늦은 경우도 있습니다. 부부 사이가 멀어진 지 너무 오래되어서 사랑이 새로 피지 못하는 것입니다.

어떤 가장은 가족들을 잘살게 만들려고 온 힘을 다했습니다. 멋진 집을 장만하기 위해 힘들게 일했습니다. 그렇지만 자녀들을 위해서는 시간을 별로 내지 못했습니다. 이제 자녀들은 아버지를 피합니다. 아버지를 좋아하고 존경하지 않습니다. 아버지를 아버지로 체험하지 못했기 때문입니다. 아버지는 먼저 가족의 삶을 안정시키고 싶었습니다. 안정된 삶을 이루었다면, 그제라도 아버지는 가족들을 위해 새롭게 헌신할 수 있을 것입니다. 그런데 대개는 때가 이미 너무 늦었습니다. 자녀들은 아버지와의 관계를 상실했고 존경하는 마음도 잃었습니다. 아버지는 자녀들에 대한 사랑을 놓쳤음을 고통스레 깨닫습니다. 어떤 아버지는 가족들을 위해 애를 쓰는 모습 뒤에 숨어서, 그것으로 족하다고 여깁니다. 그러나 자기 합리화로는 사랑이 회복되지 못합니다. 여기서 중요한 것은 자신이 사랑을 놓쳤음을 고백하는 일입니다. 그런 다음에야 새로 시작할 수 있습니다. 이제는 중점을 달리 두고 자녀들을 진정 사랑으로 보살피는 것입니다.

때로 부모들은 자신의 욕구, 예컨대 자기실현 프로그램이나 직무연수, 직업교육에 몰두해서 자녀들의 욕구를 간과합니다. 그럴 때는 흔히 부모들도 간절히 사랑을 바라고 있는 자녀들의 모습이 눈에 잘 안 보입니다. 그런데 배우자나 자녀들에 대한 사랑만 중요한 게 아닙니다. 사람들은 친구들에 대한 사랑도 빈번히 놓칩니다. 사람들은 친구들을 위해 더 이상 시간을 내지 않습니다. 그러다가 문득 자신이 제외되고 고립되었음을 깨닫습니다.

사랑은 헌신입니다. 그리고 이 헌신은 일에서도 필요합니다. 일에 헌신할 때, 일에 뛰어들 때, 그러면서 내 자아를 잊을 때 비로소 나는 내 일을 사랑할 수 있습니다. 물론 여기서도 어떤 활동이나 외적 행동 때문에 사랑을 놓칠 수 있습니다. 그러나 우리는 자신이 행하는 일을 사랑으로 행할 때만, 우리 내면을 평화로 채워 주는 '몰입감'을 느낍니다. 헌신으로서의 사랑은 일만 아니라 다른 영역에도 적용됩니다. 나는 이렇게 자문해야 합니다. "나는 무엇을 사랑하는가?" "나는 음악이나 자연, 아름다운 예술을 사랑하는가?" 내 삶은 사랑하는 대상이 있을 때만 가치 있습니다. 내가 사랑을 놓친다면, 곧 인간에 대한 사랑, 동물에 대한 사랑, 자연에 대한 사랑, 예술에 대한 사랑을 놓친다면 모든 외적 참여는 소용 없습니다. 내가 사랑하는 대상만이 나를 진정으로 자라게 합니다.

어떤 사람들은 영적 탐색 때문에 사랑을 놓칩니다. 그들은 자신의 영적 진보나 묵상 도구에 집착하다가 사랑을 잊습니다. 사도 바오로의 말씀처럼, 모든 영적 도구는 사랑으로 충만하지 않거나 사랑으로 인도되지 않으면 소리 나는 징이나 요란한 꽹과리에 지나지 않습니다. 영성의 길을 걷다가 사랑을 놓치는 사람들도 있습니다. 관건은 묵상을 통해 하느님을 향한 사랑에 마음을 여는 것, 묵상을 통해 이웃을 사랑할 줄 아는 것입니다. 내 주위에 있는 사람들을 향해 사랑이 넘쳐흘러야만 내 삶이 가치 있습니다. 사랑을 놓치면, 언제고 나는 온갖 영적 노력에 실망한 나머지 슬픔과 체념에 빠지고 맙니다. 사랑만이 나를 살아 숨 쉬게 하고 꽃피게 합니다.

예수님의 대답

'사랑을 놓치는 것'이란 주제를 다루다가 내게 떠오른 것은 '시리아 페니키아 부인의 믿음 이야기'(마르 7,24-30)입니다. 그 부인은 예수님께 가서 제 딸을 고쳐 달라고 간청했습니다. 그 어린 딸은

> 더러운 영에 사로잡혀 있었습니다(마르 7,25).

더러운 영은 자기상을 흐려지게 만듭니다. 아마도 부인은 자신의 표상과 기대를 딸에게 투사해서 딸의 자기상을 흐려지게 했을지도 모릅니다. 딸은 자신이 누군지 더 이상 알지 못했습니다. 그제야 부인은 제 딸이 그 상태로 있어서는 안 된다고 깨닫습니다. 부인은 예수님께 딸을 바로잡아 달라고 간청합니다. 그런데 예수님은 부인이 놓친 것을 당신 능력으로 메워 주고 싶은 마음이 별로 없습니다. 도리어 부인에게 제 잘못을 일깨웁니다.

> 자녀들의 빵을 집어 강아지들에게 던져 주는 것은 좋지 않습니다(마르 7,27).

그 순간 부인은 제 딸이 주려 있음을 깨닫습니다. 부인은 관심이란 빵을 자기 자신을 위해, 자신이 욕구하는 것, 선호하는 것을 위해 너무 많이 썼습니다. 또한 자신의 성공을 위해, 자기실현에 필요하다고 판단되는 것을 위해 과도하게 썼습니다. 그러나 딸은 내적으로 주려 있습니다. 이 부인의 위대함은 예수님이 질책한 바를 통찰했다는 데 있습니다. 부인은 딸에게 소홀했음을 인정합니다. 그러나 그 반작용으로 반대 행동을 택하지는 않습니다. 양심의 가책을 덜기 위해 딸의 비위를 맞춰 주지는 않습니다. 부인은 오히려 이렇게 말합니다.

> 주님, 그러나 상 아래 있는 강아지들도 아이들이 먹다 떨어뜨린 부스러기는 먹습니다(마르 7,28).

이 대답은 다음처럼 옮길 수도 있습니다. "주님, 지당한 말씀입니다. 제 딸은 주려 있습니다. 하지만 저 또한 욕구가 있습니다. 이제 저의 욕구와 딸의 욕구가 조화를 이루도록 애쓰겠습니다." 예수님은 부인을 칭찬합니다. 부인이 자신의 상황을 새롭게 인식하고 결단을 내릴 준비가 되어 있기 때문입니다. 부인은 '강아지들', 곧 자신의 욕구나 자기실현 욕망이 아닌 사랑을 택합니다.

10

그리스도인의 희망

삶을 놓치는 현상의 기저에는 '절망'(Verzagtheit)이란 태도가 있습니다. 절망의 어원 '차크'zag는 겁이 많은 사람, 겁에 질린 사람에게 적용되는 말입니다. 절망한 사람은 용기를 모두 다 잃었습니다. 그는 뒤로 물러납니다. 열린 마음으로 세상 속에 들어가지 않습니다. 이 같은 절망에 대한 그리스도인의 대답은 희망입니다. 희망은 미래를 개척하라고, 삶을 주도하라고 우리에게 용기를 주는 덕입니다. 덕은 우리에게 무언가를 할 수 있는 능력을 주는 힘입니다. 덕은 삶이 가치 있게 되도록, 삶이 성취되도록 우리에게 능력을 줍니다. 희망의 덕은 삶에 도전하는 능력을 우리에게 줍니다. 그것은 자신의 삶을 놓치는 경향에 대한 대답입니다. 따라서 나는 희망의 덕을 묵상하며, 우리가 어떻게 하면 희망을 배울 수 있는지 몇 가지 단계로 나누어 설명하려 합니다.

1964년 『희망의 신학』 *Theologie der Hoffnung* 을 펴낸 위르겐 몰트만 Jürgen Moltmann은 희망 없음, 곧 무망無望이 불신앙의 죄라고 말하며, "절망한(비겁한) 자들"(묵시 21,8)을 죄인의 첫째 자리에 앉힌 묵시록의 말씀을 인용하고, 삶의 희망을 잃어버리는 것이 하느님과의 약속을 저버리는 것이라 말한 히브리서 말씀을 언급합니다.

히브리서는 당시 그리스도교에 나타난 권태 현상을 인식하고 있습니다.

> 권태란 하느님께서 누군가에게 바라는 바를 원하지 않는 것이다 (Moltmann 18).

이에 히브리서는 삶에 싫증 난 그리스도인들에게 경고합니다.

> 우리도 모든 짐과 옭아매는 죄를 떨쳐 버리고 우리 앞에 놓인 경

주를 참을성 있게 해냅시다. 믿음의 창시자이시며 완성자이신 예수를 바라봅시다(히브 12,1-2).

그리스도인이란 희망을 가진 사람, 희망에 차서 자신의 길을 가는 사람, 삶의 투쟁에 뛰어드는 사람을 말합니다. 히브리서는 삶을 경주로 여깁니다. 이런 표상에는 힘이 있습니다. 이 표상은 나를 경주에 참가하도록 끌어냅니다. 이때 나는 믿음의 창시자이며 완성자인 예수님을 바라보게 되며, 경주를 해내리라는 확신과 희망을 얻게 됩니다.

한 독일 속담은 말합니다.

    희망은 최후에 죽는다.

이는 이런 의미이기도 합니다. "희망이 없는 곳에는 죽음이 있다. 그런 곳은 굳어 있다." 이탈리아 시인 단테는 지옥에 이르는 문을 이렇게 묘사합니다.

    너희가 이곳에 들여보낸 모든 희망을 지나가게 하라.

무망은 결국 지옥입니다. 그리스도교 영성이 믿음과 사랑과 더불어 희망을 신적인 덕(向主德)으로 이해한 반면, 20세기 중반에 널리 퍼진 실존주의는 희망을 현실로부터의 도피로 보았습니다. 알베르 카뮈Albert Camus는 우리가 현실에 발 디뎌야 한다고 주장했습니다.

> 명료하게 사고하고 더 이상 희망하지 말아야 한다(Moltmann 19).

몰트만은 테오도어 폰타네Theodor Fontane의 소설을 인용합니다.

> 산다는 것은 희망을 땅에 묻는 것이다.

폰타네는 '죽은 희망'이 삶의 본질이라 말합니다. 한 독일 속담은 희망에 맞서 회의懷疑를 변호합니다.

> 희망과 고대는 사람을 바보로 만든다.

그리하여 무망한 사람들과 절망한 사람들이 더 위대한 현실주의자를 자처합니다. 그러나 사실 그들은 현실주의자가 아닙니다. 그들은 모든 희망을 포기했습니다. 그들은 희망의 근거를 찾지 못했습니다. 몰트만에 따르면 그 결과는 이렇습니다.

> 남은 것은 삶의 염증(taedium vitae), 본인 스스로 여태 별로 참여하지 못한 삶이다. … 하지만 희망이 새로운 가능성, 미지의 가능성의 원천으로 이해되지 않는 곳에서는 사람들의 가능성을 가지고 벌이는 무의미한 유희, 역설적인 유희가 권태로, 부조리로의 이탈로 귀결된다(Moltmann 19).

이와 같이 싫증이 난 태도, 희망 없는 태도에 대해 몰트만은 헤라클레이토스의 말을 인용합니다.

> 예기치 못할 것을 바라지 않는 자는 그것을 발견치 못하리라.

희망 없이 사는 사람들은 삶을 놓칩니다. 그들은 자신의 삶에서 의미를 찾지 못할 뿐 아니라, 자신이 뛰어들 만한 가치가 있는 것도 찾지 못합니다. 회의적 태도로 일관하며 모든 것에 싫증을 내고 거부합니다. 모든 게 무의미하고, 아무 일도 일어나지 않습니다. 하지만 희망은 우리를 살아 있게 합니다. 사도 바오로의 말씀처럼 우리는 보이지 않는 것을 희망합니다(로마 8,25).

우리가 삶을 걸고 있는 것이 우리 눈에는 보이지 않습니다. 하지만 우리는 그것을 바랍니다. 이는 유토피아를 좇는 게 아닙니다. 희망은 삶에서 우리에게 확실한 근거를 마련해 줍니다. 히브리서에서는 믿음을

바라는 것들의 확증(히브 11,1)

이라 정의합니다. 내가 바라는 것에서 나는 지금 이 순간 확실한 근거를 얻습니다. 그리고 확실한 근거가 있기에 나는 의연하게 미래로 나아갑니다.

그리스도인의 희망은 예수 그리스도의 십자가와 그분의 부활에 근거합니다. 십자가는 실패를 상징하며, 우리를 좌절시킨 모든 것을 대변합니다. 어떤 사람들은 외부로부터 무슨 일을 당할까 봐 두려워하다가 삶을 놓칩니다. 그들은 삶을 계획할 수 없다고 생각합니다. 그들은 외부적 요인에 끊임없이 의존하기 때문에 미래에 대한 계획을 모두 다 포기합니다. 그들은 그날그날 되는 대로 살아갑니다. 그러나 십자가는 부활에 이릅니다. 우리 그리스도인에게 십자가는 희망의 표지입니다. 달라지지 못할 것은 아무것도 없고, 빛이 없는 어둠도 없으며, 새로운 시작으로 이어지지 못할 실패도 없고, 삶으로 변화하지 못할 죽음도 없음을 십자가

가 보여 줍니다.

  그런데 많은 사람이 십자가를 앞에 두고 가만히 서 있습니다. 삶에는 수많은 십자가가 있습니다. 그렇게 사는 것은 바람직하지 않습니다. 우리 그리스도인에게 십자가는 삶에 뛰어들라는 도전입니다. 이 과정에서 십자가가 나의 계획들을 좌절시키더라도, 이러한 모험은 해 볼 만한 일입니다. 십자가는 부활을 통해 극복됩니다. 본래 무언가를 '모험한다'(wagen)는 말은 어디로 기울지 알지 못한 채로 무언가를 '양팔저울'(Waage)에 달아 보는 일, 그 결말이 불확실하더라도 무언가를 감행하는 일을 의미합니다. 우리를 기다리고 있는 십자가는, 우리의 모험이 앞으로 어떻게 되어 갈지 우리가 알지 못함을 보여 줍니다. 삶은 언제나 모험입니다. 그러나 부활이라는 그리스도인의 상징은 삶의 모험을 무릅쓰는 것이 가치 있음을 우리에게 보여 줍니다.

토마스 아퀴나스에게 희망은 청춘 고유의 덕입니다.

    젊음은 희망의 원인이다.
    다시 말해 청춘에게 미래는 많고 과거는 적다.

희망은 인간을 도로 젊어지게 합니다. 요제프 피퍼Josef Pieper는 이 사야서 40장 31절을 희망의 관점에서 이렇게 옮겨 봅니다.

> 주님께 바라는 이들은 새 용기를 얻고
> 독수리처럼 날개가 자란다.
> 그들은 뛰어도 지칠 줄 모르고
> 걸어도 피곤한 줄 모른다(Pieper 47).

이처럼 청춘의 특징은 희망에 차서 삶을 모험하는 것입니다. 그런데 이제는 젊은이들에게서 이를 찾아보기 힘듭니다. 오히려 사람들에게서 활력을 빼앗는 절망적 태도가 점점 더 번지고 있습니다. 삶을 놓친 이들에게 우리가 전해야 할 메시지는 자신 안에 있는 희망과 접촉하라는 격려일 것입니다. 희망은 새로운 가능성, 미지의 가능성으로서 우리 영혼 속에 저마다 깃들어 있습니다. 하지만 우리는 희망과 보통 단절되어 있습니다. 우리는 희망에 대해 깊이 생각해 봐야 합니다.

독일어에서 '희망하다'(hoffen)는 '뛰다'(hüpfen)와 어원이 비슷합니다. 게르만족에게 희망한다는 말은 본래 '기대하여 들썩대다', '흥분하여 이리저리 껑충껑충 뛰다'를 뜻했습니다. 따라서 독일어에서 희망한다는 말에는 어떤 사건, 또는 보고 싶은 어떤 사람을 기뻐하며 기다리는 체험이 내포되어 있습니다. 무언가를 희망하는 것은 기쁨으로 표현됩니다. 또한 희망하는 것은 기다리는 것과 연관됩니다. 희망은 인간의 능동적 행위입니다. 인간은 다가올 것을 향해 사지를 뻗습니다. 희망에 찬 사람의 영혼은 기쁨과 생기로 표현됩니다. 희망은 우리를 일으켜 세우지만, 무망은 우리를 내리누릅니다. 희망이 없는 사람은 내적 활력을 잃습니다. 자신의 청춘을 잃어버립니다.

프랑스 실존주의 철학자 가브리엘 마르셀Gabriel Marcel은 자신의 그리스도교적 믿음을 배경으로 '희망의 철학'을 구상했습니다. 마르셀은 희망과 기대를 구별합니다. 기대는 나타날 대상에 대한 아주 특정한 표상입니다. 기대는 어긋날 수 있습니다. 그러나 희망은 어긋날 수 없습니다. 희망은 구체적 표상에 매이지 않습니다. 그리고 우리는 희망할 이유가 없다고 절대로 말할 수 없습니다. 희망은 온갖 논리적 찬반을 뛰어넘기 때문입니다. 희망이 결국 목표로 삼는 바는 자신이 갇혀 있음을 자각한 우리 인간이 빛과 자유를 바라는 것, 우리의 내면이 밝아지고 자유로워지는 것입니다. 진정한 희망은 다가올 특정한 사건에 적용되는 게 아니라, 자신의 실존과 삶이 새로워지는 데 적용됩니다. 희망한다는 것은 삶에 대한 특정한 표상을 만든다는 뜻이 아닙니다. 삶을 너무 구체적으로 상상하는 사람은 삶이 잘 이루어지지 않을까 봐 항상 불안 속에서 살아갑니다.

희망은 모든 구체적 표상을 뛰어넘습니다. 희망은 인간의 이러한 태도입니다.

> 그는 조건을 내세우지 않고 경계도 긋지 않는다. 자신을 절대적 신뢰에 내맡기고, 그로써 모든 가능한 실망을 극복하며, 소유의 근본적인 불확실성에 대립된 존재의 확실성을 체험한다(Marcel 55).

희망은 소유의 영역이 아닌, 존재의 영역에 속합니다. 마르셀은 '소유'의 태도가 희망을 가로막는다고 말합니다. 갖가지 형태의 소유의 고리에서 벗어난 사람만이

> 희망 안에서 삶의 신적 가벼움을 체험한다(Marcel 78).

모든 것을 소유하려 하는 사람, 자기 삶을 장악하려 하는 사람은 삶을 잃습니다. 존재의 영역에 뛰어드는 사람은 희망에 참여하고, 삶을 얻습니다. 가브리엘 마르셀에게 희망과 공동체는 긴밀한 관계가 있습니다. 나는 결코 나만을 위해 희망하지 않습니다.

나는 결국 '우리'를 위해 희망합니다.

  나는 가브리엘 마르셀의 사상을 깊이 살펴보고, 이로부터 현대인을 바라보았습니다. 오늘날 왜 그리 많은 사람이 희망을 품기 어려워하는지 몇 가지 이유를 깨달았습니다. 일단 현대인은 확실성을 원합니다. 그들은 희망을 믿지 않습니다. 그들은 갖가지 이유를 대면서, 자신을 기다리고 있는 미래가 장밋빛이 아니리라고 생각합니다. 마르셀은 사람들이 여러 이성적인 이유들을 들어 가며 희망을 웃음거리로 삼는다고 말합니다. 그것은 그들이 모험을 회피하기 때문입니다. 그렇지만 삶이란 무언가를 모험하는 것, 예견할 수 없는 것에 뛰어드는 것입니다. 비록 성공에 대한 구체적 표상이 없을지라도 분명 삶이 성공하리라고 희망하며 달려드는 것입니다. 희망을 품기 어려워하는 또 다른 이유는 개인주의입니다. 마르셀은 이렇게 확신합니다.

> 아무리 내적인 공동체라 하더라도 항상 희망에 속해 있어야 한다. 절망과 고독이 근본적으로 같은지 다른지 자문한다면, 이는 참된 물음이다(Marcel 73).

우리 시대 희망의 철학자라 불리는 에른스트 블로흐Ernst Bloch는 명저 『희망의 원리』*Prinzip Hoffnung*에서 희망을 이 세상을 추동하는 힘으로 판단합니다. 블로흐에게 희망은 인간의 태도일 뿐 아니라 존재의 질質이기도 합니다. 그에게 존재는 "아직-아닌-존재"(Noch-nicht-Sein)입니다. 그는 예술의 모든 형태뿐 아니라 종교의 상像들에서도 바라는 현실의 출현을 인식합니다.

그렇지만 블로흐는 무신론자로서, 현실을 순전히 현세적 현실로 이해합니다. 그리고 인간도 그의 지식과 행동이 아닌, 그의 희망으로부터 이해합니다.

> 우리는 (인간으로서) 예견하는 존재다. 우리는 동물과 구별되어 본성적으로 유토피아적 존재다. 선취先取는 우리의 힘이자 우리의 운명이다.

블로흐에게는 희망으로 가득 차 있고 희망을 전해 주는 무엇만이 가치 있습니다. 그런 사람만이 좋은 건축가로, 그가 지은 건축물은 희망을 지은 것, 곧 고향과 아름다움, 보호와 공동체에 대한 희망을 지은 것입니다. 블로흐에게는 자신의 말과 행동으로 희망을 전해 주는 사람만이 참된 인간존재를 실현합니다.

가브리엘 마르셀과 에른스트 블로흐, 위르겐 몰트만에게서 우리가 발견한 희망의 철학과 희망의 신학은 1960년대의 낙관주의를 반영하고 있습니다. 이제는 이 낙관주의가 그리 감지되지 않습니다. 그러나 희망은 낙관주의가 아닌, 내적 태도입니다.

그리스도교 신학자들은 희망을 신적인 덕으로 불렀습니다. 다시 말해 희망은 하느님으로부터 나에게 선사된 덕이며, 동시에 내가 체득할 수 있고, 또 체득해야 할 내적 태도입니다.

오늘날 우리가 마르셀과 블로흐, 몰트만의 사상을 배경으로 해서 어떻게 희망을 배울 수 있을지, 나는 그 방법을 몇 단계로 나누어 설명하려 합니다. 희망에 이르는 이 단계들은 자신의 삶을 놓치는 경향에 대한 대답이기도 합니다. 희망은 삶을 모험하는 힘이자, 신뢰와 확신에 가득 차서 살아가는 힘입니다. 이에 내가 떠올린 것은 일곱 단계입니다.

1단계
• 삶을 모험하라 •

삶은 모험입니다. 우리는 삶이 어떻게 끝날지 결코 알지 못합니다. 독일어에서 '모험하다'라는 말은 '양팔저울'에서 나왔습니다. 나는 저울에 오릅니다. 저울이 어느 쪽으로 기울지 아직 알지 못합니다. 내 체중이 가벼울지 무거울지, 아니면 반대쪽에 놓여 있는 것과 똑같을지 아직 모릅니다. 삶을 모험하는 사람은 언제나 위험을 감수합니다. 그 사람은 자신의 삶이 어떻게 끝날지 알지 못합니다. 독일어에서 '위험'(Risiko)이란 말에는 '모험'이란 뜻도 담겨 있습니다. 삶은 언제나 위험으로 가득 차 있습니다. 모든 위험에 대해 보험을 들기를 바라는 사람은 안전장치를 마련하는 데 가진 돈을 몽땅 써 버립니다. 삶을 위해 쓸 수 있는 돈이 한 푼도 없습니다. 삶을 모험하기 위한 에너지가 더는 없습니다.

이제 사람들에게 모험심을 찾기 힘들어졌습니다. 사람들은 보험을 들고 안전장치를 마련하려 합니다. 모든 일이 잘되게 하려는 것입니다. 그러나 삶은 보장될 수 있는 게 아닙니다. 삶은 모험해야 하는 것입니다. 사람들은 모험을 피하려 갖가지 이성적 이유를 댑니다. 심리학은 이를 합리화라 말합니다. 예컨대 내가 한 사람에게 전화를 걸거나 찾아가 봐야 합니다. 하지만 나는 주저합니다. 그러지 않아야 할 이유야 수천 가지나 됩니다. 그 사람에게는 좋은 때가 아닐지도 모릅니다. 그가 낮잠을 자거나, 모임을 하거나, 가족들과 식사를 하고 있을지 모릅니다. 그러니 내가 방해만 될 것입니다. 또 나는 어떻게 말을 꺼내야 할지도 모릅니다. 지금까지 책으로만 알고 있던 작가에게 전화를 건다면 나를 부담스러워할 것입니다. 아마 그는 모르는 사람이 전화를 걸면 싫어할 것입니다. 우리 내면에는, 내적 충동을 따르지 못하게 방해만 하는 대답들이 이미 갖가지로 준비되어 있습니다.

내적 충동은 대개 모험을 지향합니다. 우리 내면에는 언제나 두 가지가, 곧 모험을 향한 욕구와 모험에 대한 불안이 함께 있습니다. 합리화는 불안을 강화하여, 욕구를 알아채지 못하게 방해하고, 모험을 행동에 옮기지 못하게 합니다. 따라서 우리는 먼저 이렇게 해 볼 수 있습니다.

당신의 내적 충동을 따르십시오. 수천 가지 이성적 이유를 대면서 충동을 묵살하지 마십시오. 당신의 가슴에 귀 기울이십시오. 가슴이 당신에게 뭐라고 말합니까? 충동 속에 어떤 힘이 숨어 있습니까? 당신이 충동을 따르는 모습을 떠올려 보십시오! 어떠한 감정을 느낍니까? 불안이 일더라도 그대로 받아들여 보십시오. 다만 그 순간에 불안과 거리를 두십시오. 그리고 아주 구체적으로 그 장면을 그려 보십시오. '그 사람에게 전화를 건다. 다정하게 말을 꺼낸다. 잠깐 통화를 나눌 수 있을지 묻는다. 내 용건을 말한다.' 그런 다음 당신의 내적 충동을 그저 따르십시오. 하고 보니 잘했음을 곧 알게 될 것입니다.

전화 걸기처럼 평범한 사례에 적용되는 것을 당신의 삶에도 옮겨 보십시오. 당신은 무엇을 하고 싶습니까? 당신의 목표를 이루기 위해서는 어떤 단계를 밟아야 합니까? 그리고 직업적으로는 무엇을 하고 싶습니까? 또 개인적으로는 무엇을 하고 싶습니까?

당신의 내면은 무엇에 열정을 느끼고, 또 무엇에 감격합니까? 당신이 내적 충동을 따르지 않고 끊임없이 망설이는 이유들은 무엇입니까? 당신의 감정을 신뢰하십시오. 그리고 그 감정을 구체적 행동으로 어떻게 옮길지 숙고하십시오. 충동을 따르지 못하게 만드는 이유들을 살펴보되, 거리를 두십시오. 그것들은 당신을 삶으로 이끄는 게 아니라, 당신을 가로막을 뿐입니다.

2단계
• 삶의 경기에 뛰어들어라 •

히브리서는 삶의 경주에 관해 말합니다(히브 12,1). 바오로 사도도 우리가 뛰어들어야 할 경기를 말합니다.

> 경기장에서 달리는 이들은 모두 달리기는 하지만 한 사람만이 상을 받는다는 것을 여러분은 알지 못합니까? 이와 같이 여러분도 상을 받을 수 있도록 달리시오. 모든 경기자는 온갖 절제를 다 하는데 그렇게 하여 저들은 썩어 없어질 월계관을 얻으려는 것이지만, 우리는 불멸의 월계관을 얻으려는 것입니다. 그러므로 나는 달리기를 하되 멍청하게 달리지는 않습니다. 또한 권투

를 하되 허공을 치지는 않습니다(1코린 9,24-26).

경기자는 자신이 치를 경기를 준비해야 합니다. 그는 목표가 필요합니다. 자신이 원하는 게 무엇인지 알아야 합니다. 무작정 달린다고 될 일이 아닙니다. 오늘날 어떤 사람들은 하염없이 헤매고 있는 듯 보입니다. 목표가 없는 것입니다. 그러면 앞으로 나아갈 수 없습니다. 우리는 목표가 필요합니다. 또 우리는 싸우는 시늉만 할 수 없습니다. 허공에 주먹을 날리면 결코 상대를 이기지 못합니다.

여기서 관건은 두 가지 표상입니다. 첫째, 삶은 달리기입니다. 나는 목표가 필요합니다. 목표가 있어야 집중할 수 있으며, 노력을 다해 그 목표를 추구할 수 있습니다. 둘째, 삶은 싸움입니다. 싸우다 보면 나는 상처 입을 수 있습니다. 권투 경기에 나설 때는 상대에게 얻어맞을 일도 미리 알고 있어야 합니다. 다칠 위험이 없는 싸움은 없습니다. 그런데 많은 사람이 관객으로 머물러 있습니다. 그들은 직접 싸우는 대신, 다른 사람들의 싸움을 구경합니다. 그렇게 그들은 로마제국 시대 타락한 시민들을 뒤따릅니다. 자신들이 갈망하는 "빵과 경기"(panem et circenses)를 외칠 뿐입니다. 그들은 구경하려고 할 뿐, 직접 행동하거나 직접 싸우려 하지 않습니다. 이 같은 경향은 오늘날 더 두드러집니다. 인터넷은 우리에게 그저 관객으로 머물면서 가상으로 싸우라고 말합니다. 그렇지만 바오로는 다른 사람들의 경주나 권투를 구경이나 하라고 말한 게 아닙니다. 우리가 직접 달려야 하며 직접 싸워야 합니다. 여기서는 한번 해보겠다는 결단이 필요합니다. 만만치 않을 것이기 때문입니다. 또 싸움에 뛰어들 용기도 필요합니다. 이길지 질지 알 수 없기 때문입니다. 어떤 시험을 치를 때, 어떤 직장을 얻을 때, 어떤 친구와 사귈 때 나는 실패를 맛볼지도 모릅니다. 하지만 여기에 딱 맞는 속담이 있습니다. "용기 있는 자가 얻으리라."

이러한 싸움을 연습하는 구체적인 방법을 들어 보자면 스포츠가 있습니다. 한 스포츠 모임에 들어가서 다른 사람들과 달리기를 하거나 경기를 벌이는 것입니다. 학창 시절 나는 형제들과 사촌들과 함께 자전거를 타고 알프스산맥을 올랐습니다. 당시 자전거 기어는 3단밖에 안 되었습니다. 하지만 우리는 패기가 넘쳤습니다. 자전거를 끌지 않고 그대로 달려서 페른파스 고개를 넘었습니다. 그 기억이 지금도 생생합니다. 자전거로 산을 오른 그 싸움은 나에게 영적 연습이기도 했습니다. 그때 나는 삶도 하나의 싸움임을, 곧 내 감정과의 싸움, 내 약함과의 싸움임을 확신했습니다. 자전거에서 내리지도 않고 그저 두 발만 굴렀던 것이 내게는 이런 연습이었습니다. '나는 놓지 않으리라.' '나는 계속 싸우리라.' 당시 나는 이미 수도원에 들어갈 생각을 하고 있었습니다.

두 발로 페달을 굴렸던 것은, 수도원에서 나를 기다리고 있던 금욕 생활을 연습하는 일이기도 했습니다. 그런데 또 한편 나는 내가 해낼 수 있음을 나 자신에게 증명하고 싶었습니다. 그리고 그로부터 에너지를 얻었습니다.

3단계
• 구체적 표상들에서 벗어나라 •

희망은 구체적 표상들을 뛰어넘습니다. 희망은 특정한 기대에 매이지 않습니다. 어떤 사람들은 자신의 삶에서 일어나야 할 일들을 머릿속에 상세하게 그립니다. 시험을 잘 치르는 것, 좋은 직장을 얻는 것, 멋진 애인을 찾는 것 등을 원합니다. 그러나 그들은 현실에서 좌절될 수 있는 그런 표상들에 매여 있습니다. 또 그들은 포기도 잘하는데, 표상들이 그렇게 구체적으로 실현되기가 사실 어렵기 때문입니다. 어떤 사람들은 자신이 그린 너무 크고 너무 구체적인 표상들을 감당할 수 없어 실망합니다. 반면 어떤 사람들은 처음부터 부정적 표상들만 눈앞에 그리면서, 그런 부정적 표상들을 구실로 모험을 회피합니다. 그들에게는 삶의 모험이 무익한 일인데, 이런저런 문제가 생길지 모르기 때문입니다. 한편 삶에 대해 아무것도 기대하지 않는 사람들도 있습니다. 그들은 실망하지 않으려 합니다. 하지만 이로써 삶을 놓치고 맙니다.

희망의 본질은 그런 식의 구체적 기대를 모두 다 뛰어넘는 데 있습니다. 나의 삶은 내가 어떤 시험에 붙는 것, 특정 직장을 얻는 것, 이상형을 만나는 것, 번듯한 가정을 이루는 것에 달려 있지 않습니다. 오히려 희망은 그 모든 표상들을 뛰어넘는 것이며, 그러면서 내 삶이 성취되고 내 길이 하느님께 축복받기를 바라는 것입니다. 희망은 언제나 자유와 연관되어 있습니다. 나는 희망을 구체적 표상들에 묶어 놓지 않습니다. 희망은 자유를 숨 쉬게 합니다. 그리하여 표상들에 매이지 않으면서 신뢰에 찬 마음으로 나아갑니다.

우리는 저마다 삶에 대해 구체적 표상들을 만듭니다. 그리고 그것도 바람직한 일입니다. 우리는 그렇게 해도 좋으며, 또 그렇게 해야 합니다. 하지만 동시에 우리 마음속에 있는 희망을 신뢰해야 합니다. 그런 표상들이 실현되지 않더라도, 희망은 우리를 재촉하여 앞으로 나아가게 합니다. 희망은 좌절될 수 없습니다. 이 사실을 우리는 늘 되뇌야 합니다. 그러면 우리는 표상들이 실현되지 못하리란 불안으로 스스로를 가로막지 않을 것입니다. 이제는 우리가 용기 있게 자신의 일을 시작하며, 또 자신의 삶에 뛰어듭니다.

4단계
• 참된 본질을 지니도록 바라라 •

희망은 특정한 기대를 목표로 삼지 않습니다. 희망의 목표는 하느님이 우리에게 만들어 준 본래 모습으로 성장하는 것입니다. 참된 본질의 출현, 하느님이 우리 안에 만들어 놓은 유일무이한 모습의 출현을 우리는 희망 속에서 앞서 봅니다.

희망은 우리를 자신의 영혼과 접촉하게 해 줍니다. 희망은 영혼에 날개를 답니다. 희망은 우리를 이끕니다. 외적인 일들에서 벗어나 영혼의 내적 공간에 들어가게 해 줍니다. 그러나 이는 현실에서 달아나는 게 아닙니다. 희망은 언제나 우리 안에 있습니다. 어떤 외적인 일들이 앞을 가로막더라도 이 희망에 힘입어 우리는 신뢰에 찬 마음으로 자신의 길을 나아갑니다.

나는 불안, 슬픔, 절망, 권태와 같은 갖가지 혼란스러운 감정들을 거쳐 내 영혼 깊은 곳으로 들어가며 희망을 연습할 수 있습니다. 그리고 그곳에 이르러서 나는 이 희망이 신적인 덕이자 하느님의 은사로서 내 영혼의 근원에 있음을 눈앞에 떠올립니다. 중요한 것은 내가 이 덕과 접촉하는 일입니다. 그러면 희망이 나를 구체적인 불안들로부터 자유롭게 해 줍니다. 이런 목표를 달성할 수 있을까, 저런 길에서 실패하지 않을까 하는 불안에 사로잡히지 않는 것입니다. 나의 내적 본질은 무너질 수 없습니다. 희망은 나에게 내 삶이 성취되리라는 확신을 줍니다. 내가 상상해 온 것과는 아마 다르겠지만 내 삶은 성취될 것입니다. 희망은 기대대로 되지 않더라도 자신의 길을 나아가도록 끊임없이 나를 격려해 주는 추동력입니다. 중요한 것은 기대가 아닌, 나의 참된 본질입니다.

5단계
• 십자가를 바라보며 희망하라 •

그리스도인에게 희망의 역설은 다름 아닌 십자가에 있습니다. 십자가는 실패를 대변합니다. 나의 기대가 무너지는 것, 나의 삶을 가로막는 모든 외적 원인을 상징합니다. 그리스도인의 희망은 십자가를 변화시킨 예수님의 부활에 근거합니다. 이 희망은 다음과 같은 의미입니다. 새로운 계기가 되지 못할 실패는 없습니다. 빛으로 밝히지 못할 어둠은 없습니다. 풀리지 못할 마비는 없습니다. 삶으로 바뀌지 못할 죽음은 없습니다. 따라서 희망은 그 무엇에도 꺾이지 않습니다.

그러나 말하기는 쉬워도 행하기는 어렵습니다. 엠마오로 가는 두 제자조차 예수님의 십자가 죽음으로 희망이 무너졌다고 생각했습니다. 두 제자는 자신들과 함께 걷고 있는 그분을 알아보지 못한 채 이렇게 말했습니다.

> 우리는 그분이야말로 이스라엘을 속량하실 분이라고 희망을 걸고 있었습니다(루카 24,21).

그들은 예수님이 자신들의 구원자이길 바랐습니다. 그렇지만 십자가가 그 희망을 무너뜨렸습니다. 그분은 죽음과 부활을 통해 구원의 희망이 이루어지는 것임을 설명하면서, 그들을 서서히 신비로 이끌었습니다. 그들에게 무너진 것은 사실 희망이 아니라, 구원에 대해 그들이 만들어 낸 구체적 표상들이었습니다.

바오로는 박해와 시련을 받으면서도 이렇게 썼습니다.

> 우리는 희망을 지향하도록 구원되었기 때문입니다. 그러나 눈에 보이는 희망은 희망이 아닙니다. 눈에 보이는 것을 누가 희망하겠습니까? 그러나 우리가 보지 못하는 것을 희망한다면 우리는 인내심 있게 기다립니다(로마 8,24-25).

바오로는 구원과 해방이 보이지 않는 현실을 살아갑니다. 거기에는 구속과 환난, 적대와 위험이 있을 뿐입니다. 하지만 우리는 이미 희망으로 구원을 받았습니다. '희망'은 우리의 참된 자기를 보존해(sozein) 줍니다. 외적 위협으로부터 보호해 줍니다. 우리는 이 내적 보호가 보이지 않습니다. 외적으로 공격받고 모욕받으며 박해받고 있기 때문입니다. 그러나 보호가 보이지 않더라도 우리는 희망을 놓지 않습니다. 삶의 소용돌이 한가운데에서 희망을 붙듭니다. 희망은 우리 안에 인내가 생기게 합니다. 그리스어로 인내(hypomone)는 모든 게 우리 위로 무너지더라도 견뎌 내며 저항하는 태도입니다.

바오로는 이 희망 속으로 깊이 들어가서 묵상하라고 권고합니다. 이 희망은 외적 방식으로 연습할 수 없습니다. 하지만 바오로의 말씀을 내 안에 깊이 들여보내면 나는 이 내적 힘을 어렴풋이나마 인식하게 됩니다. 이 내적 힘은 외적 위협과 공격에도 부서지지 않습니다. 말씀을 묵상하면, 말씀이 내 마음에 끊임없이 스며들게 하면 말씀은 나에게 현실이 됩니다. 그리고 일순간 희망과 인내와 신뢰의 태도가 생깁니다. 게다가 그 순간 내게는 삶을 모험할 용기가 솟습니다.

6단계

• 나에게서 너에게로 •

자신의 주위만 맴돌다가 삶을 놓치고 마는 사람들이 많습니다. 그들은 자신이 공동체의 지지를 받고 있음을 자각하지 못합니다. 그래서 자신이 어떻게 살아야 하는지를 놓고 고민할 때 공동체를 별로 고려하지 않습니다. 그들의 관심은 자기 자신, 자신의 출세, 자신의 안위뿐입니다. 자신을 성가시게 할 때나 다른 사람들이 눈에 들어옵니다. 나는 남들 눈에 안정되고 쿨한 사람으로 보이려고 에너지를 쏟습니다. 남들은 나를 불안하게 합니다. 남들은 나를 웃음거리로 삼을 수 있습니다. 남들은 나에 대해 험담을 할 수도 있습니다. 이런저런 삶을 살아 보지 못했다며 나를 비난할지도 모릅니다. 그래서 남들이 나를 불안정하게 만들지 못하도록 나 자신을 감춥니다. 그렇지만 내가 상상한 대로 되지는 않습니다. 남들이 나를 어떻게 생각하는지, 남들이 나와 내 삶을 어떻게 바라보는지 끊임없이 집착하기 때문입니다. 나는 공동체로부터 물러나 있을 수 있습니다. 그러나 결국 나는 언제나 공동체와 연결되어 있습니다.

가브리엘 마르셀이 무엇보다 중요하게 여긴 것은 나에게서 너에게로 가는 일입니다. 공동체를 바라볼 때, '서로 함께'(Miteinander)의 관계를 바라볼 때 비로소 우리는 희망을 품고 우리의 삶을 꾸려 갈 수 있습니다. 희망이 펼쳐지는 것은 오직

> '우리'라는 질서, 곧 형제애적 질서 속에서뿐이다. 우리는 공동의 희망에 관해 서로 함께 대화한다(Marcel 62).

희망을 배우는 한 가지 중요한 방법은 자신의 주위를 맴도는 것을 멈추고 '서로 함께'에 주의를 기울이는 것입니다. 가령 우리의 뿌리인 가족 공동체가 이런 '서로 함께'입니다. 자신이 가족에 속해 있음을 자각할 때 우리는 그 가족이 수십 년 전부터 간직해 온 희망에 참여합니다. 반면 가족으로부터 분리되어 있을 때는 혼자서 고립되고, 희망 또한 작아집니다. 친구 공동체나 교회 공동체도 '서로 함께'의 관계입니다. 우리는 서로가 필요합니다. 자신의 희망과 접촉하기 위해 다른 사람들의 희망이 필요합니다. 그리고 삶을 자유롭게 모험하기 위해 공동체의 지지 체험이 필요합니다. 물론 우리는 가족이나 집단으로 인해 제한을 받기도 합니다. 그렇지만 다른 사람들에게 마음을 열 때 우리 자신의 삶을 보는 눈과 우리 안에 잠재된 가능성을 보는 눈도 열립니다.

7단계
• 구체적인 현실을 뛰어넘어라 •

희망은 특정한 사건이나 결과에 대한 기대 이상의 것입니다. 희망은 우리가 여기서 찾아내는 모든 것을 결국 뛰어넘습니다. 내가 죽을병에 걸려 살아날 가망이 희박하더라도, 희망은 나를 계속 지지합니다. 희망은 내 몸의 회복에 매여 있지 않습니다. 희망은 언제나 기적의 가능성을 품고 있습니다. 그러나 희망은 구체적 상황을 뛰어넘습니다. 가브리엘 마르셀은 말합니다.

> 여기서 희망은 흡사 뛰어넘기 같은 방식으로, 맨 처음에 매달리려 했던 상상들과 형식들을 사고가 넘어서는 방식으로 나타난다(Marcel 54).

나는 죽을 것이지만 희망에 차 있습니다. 희망은 내 삶을 값지게 만듭니다. 나는 내게 주어지는 값진 시간에 대해 희망이 있습니다. 나는 내가 살아가는 동안 이루어질 값진 만남에 대해 희망이 있습니다. 나는 내 삶이 잘 마감되어 내가 하느님 안에서 완성되리라는 희망이 있습니다. 나는 내게 보이지 않는 것, 어떤 눈도 본 적이 없고 어떤 귀도 들은 적이 없는 것(1코린 2,9)에 대해 희망이 있습니다. 보이는 모든 것을 뛰어넘는 희망은 인간의 본성 안에 그 실존적 기반이 있습니다.

에른스트 블로흐의 철학을 그리스도교 영성으로 옮겨 넣은 신학자 라디슬라우스 보로스Ladislaus Boros는 말합니다.

> 언제나 인간의 '삶'이란, 어떤 다른 것을 미리 맛보는 것이다. 기대는 우리 안에서 '잠들려' 하지 않는다. 인간은 늘 새로운 소망을 만들어 낸다. 인간은 '차츰차츰 앞으로 가다가', '아직 없음'(Noch-nicht-da)으로 들어간다. 인간 안에 있는 불멸의 추동은 분명 '좋은 종말'을 향해 움직이고 있다(Boros 81).

보로스는 보이는 모든 것을 뛰어넘는 하늘에 대한 그리스도인의 희망이 "인간의 가장 내적인 존재 구성"(Boros 83)에 더없이 잘 부합하리라고 말합니다.

이에 한 가지 좋은 연습이 있습니다. 자신의 삶에 대해 계획을 세울 때마다, 자신의 미래에 대해 기대를 걸 때마다 '그래, 한번 해 보고 싶어. 이게 내 삶이야'라고 되뇌는 것입니다. 하지만 본래의 것이 먼저 옵니다. 내가 세운 모든 계획은 잠정적인 것입니다. 나의 희망은 눈에 보이는 모든 것을 앞지릅니다. 희망은 보이지 않는 것, 결국 하늘을 목표로 합니다.

이것은 내 삶에서 달아나는 게 아닙니다. 무언가 잘되지 않을지도 모른다는 불안을 떨치고서 내 삶에 뛰어드는 것입니다. 희망은 나에게 내적 자유를 선사하면서 내가 이 세상에 삶의 자취를 남기게 하고, 온 힘을 다해 삶을 의식하며 올바르게 살게 합니다. 그런데 동시에 희망은 그것이 전부가 아님을 알아채게 해 줍니다. 그로써 희망은 실패에 대한 불안, 일이 잘되지 않을지도 모른다는 불안을 내게서 없애 주며, 또한 모험을 주저하게 하는 자기합리화도 없애 줍니다.

내가 몸담은 직업도, 내가 만나는 사람도, 내가 삶에서 처하는 다양한 상황도 내 갈망을 모두 다 채워 줄 수 없습니다. 그래서 나는 내적 자유를 누리면서 의연하게 내적 충동을 따를 수 있습니다. 나는 모든 것이 진정으로 성취될지 알지 못합니다. 모든 것에 안전장치를 하지는 못합니다. 나는 삶을 모험합니다. 그리고 사람들 눈에는 실패로 보일지라도 삶이 성취되리라고 굳게 희망합니다. 바오로의 말씀처럼 희망은 나에게 인내를 줍니다. 인내는 모든 것을 이겨 내고 모든 것을 견뎌 냅니다.

닫는 글

삶의 바다를 계속 항해하라

우리는 이 책에서 많은 사람이 삶을 놓치는 이유들을 찾아보았고, 우리로 하여금 뭔가를 놓치게 만드는 태도들을 살펴보았습니다. 무엇보다 큰 문제는 곳곳에 안전장치를 마련해 놓으려 하는 경향이고, 자신의 주위만 맴도는 나르시시즘도 문제입니다.

우리는 자신의 본질에 부합하는 삶을 살지 못하는 이유들도 살펴보았습니다. 거기서 우리는 의미 결여가 한 가지 원인임을 확인했고, 또 잘못 이해된 관상에도 원인이 있다고 인식했습니다. 그런 관상은 자신을 변화시키는 게 아니라 나르시시즘만 강화합니다. 그리고 또 다른 원인은 모든 문제를 즉각 향정신성 약물로 해결하고, 그런 식으로 자신의 가장 내밀한 자기를 차단하는 경향에 있습니다.

우리는 중년기와 노년기에 나타나는 현상들을 들여다보았습니다. 사람들은 그 시기에 자신이 제대로 살지 못했다고 자각하곤 합니다. 그 모든 문제와 관련해서 우리는 '예수님의 대답'을 찾아보았습니다. 그분의 대답은 우리가 어떻게 해야 자신의 삶을 다스릴 수 있는지 조언하지 않습니다. 삶에 대한 다른 태도를 연습하도록 우리의 눈을 열어 주려 합니다. 예수님의 말씀은 삶을 모험할 것, 관객 역할에 만족하지 말 것을 요구합니다. 그러나 그분의 말씀은 도덕적 요구가 아니며, 오히려 우리 안에 무언가가 일어나게 합니다. 그분의 말씀은 우리 영혼의 지혜는 물론, 영혼 깊은 곳에 잠재된 내적 힘과 접촉하게 해 줍니다. 그분의 말씀은 우리에게 희망을, 마치 우리가 탄 배 안에 잠들어 있는 듯한 희망을 깨웁니다. 그 희망이 우리 안에 깨어나면, 삶의 세찬 바람과 거센 물결은 힘을 잃습니다. 그것들이 더 이상 우리를 위협하지 못합니다. 그로써 우리는 신뢰에 차서 삶이라는 바다를 계속 항해할 수 있습니다.

'삶을 놓친 것'의 배후에는 절망이 숨어 있습니다. 이에 대한 대답으로 우리는 희망이라는 그리스도인의 덕을 살펴보았습니다.

우리가 살고 있는 이 시대는 희망이 두드러진 시대가 아닙니다. 오히려 우리는 희망에 대해 회의적입니다. 여기서 우리는 한 가지 태도를 알아차립니다. 이런저런 문제들이 있는 세상으로 뛰어드는 대신, 세상을 건너뛰는 태도입니다. 하지만 그런 태도는 희망을 잘못 이해한 것입니다. 그리스도인의 희망은 우리에게 삶을 모험하라고, 이 세상에 삶의 자취를 남기라고 요구하며 도전합니다. 우리는 이 세상을 변화시키는 자취, 이 세상을 더 밝고 더 따뜻하며 더 자비롭게 만드는 자취를 남겨야 합니다. 그리고 희망은 주위 사람들에게 다시금 희망을 퍼트리는 능력을 우리에게 줍니다. 에른스트 블로흐에 따르면 희망으로 특징지어진 삶, 희망을 전달하는 삶만이 가치 있는 삶입니다.

나는 이 책으로 그 누구도 비판하고 싶지 않습니다. 그동안 많은 사람과 대화를 나누면서 알게 된 경향들에 관해 그저 기술하려 했습니다. 이 책을 읽으며 자신에게 비슷한 경향이 있음을 깨닫는 독자들도 있을 것입니다. 그러니 이 책은 자기 자신을 알고자 들여다보는 거울일 수 있습니다. 더불어 이 책에서 어떻게 해야 자신의 삶을 움켜쥘 수 있는지 그 길도 발견하기 바랍니다. 나의 또 다른 바람은 여러분이 이 책을 읽으며 자신의 힘과 접촉하는 것, 삶을 놓치는 대신에 삶을 모험할 마음을 먹는 것입니다. 또한 나는 이 책이 여러분에게 충만해진 삶과 성취되는 삶, 헌신의 삶과 사랑의 삶, 불안한 마음으로 자기 자신만 맴도는 행동에서 벗어나는 삶에 대한 희망을 일깨우길 원합니다.

독자 여러분이 이 책에 담긴 내용을 더 이상 과거를 한탄하지 말고 용기와 확신을 가지고 미래로 나아가라는 권유로 받아들인다면 나는 매우 기쁠 것입니다. 뭔가를 시작하기에 너무 늦은 때란 없습니다. 설령 많은 것을 놓쳤더라도 우리는 매 순간 다시 시작하면서 더욱 의식적으로 살 수 있습니다. 그러면 우리가 놓친 것에도 나름의 의미가 생깁니다. 그 의미를 나는 '변모'(Verwandlung)라고 생각합니다. 여기서는 모든 것이 허락됩니다. 놓친 것도 허락됩니다. 그러나 우리는 모든 것을 하느님께 바칩니다. 하느님이 사랑과 희망의 영으로 스며들어 모든 것을 변모시킬 것을 신뢰합니다. 변모의 목표는 하느님이 우리에게 만들어 준 유일무이한 모습을 우리 내면에서 점점 더 드러내는 것입니다.

끊임없이 무엇인가 변경하지 못해 안달하는 사람들이 있습니다. 그들은 영성의 길이나 치유의 길에서 어쩔 줄 몰라 합니다. 이에 대한 그리스도교의 대답이 변모입니다. '변경'(Veränderung)에는 공격적 특성이 있습니다. 내가 완전히 달라져야 합니다. 변경에는 나 자신에 대한 거부의 의미도 담겨 있습니다. 나는 있는 그대로의 내 모습이 좋지 않습니다. 나는 완전히 딴사람이 되어야 합니다. 그러나 변모는 더 온화한 것입니다. 모든 것이 허락됩니다.

나는 내가 살아온 삶을 존중합니다. 비록 많은 것을 놓쳤더라도 내 삶은 가치 있습니다. 동시에 나는 하느님의 영이 내 안에서 모든 것을 변모시켜서 유일무이한 나의 본래 모습으로 만들 것을 온통 희망합니다.

항상 변경은 나에게 죄책감을 일으킵니다. 모든 것을 내가 잘못했습니다. 반면 변모는 나를 죄책감에서 벗어나게 해 줍니다. 나는 놓친 것에 대한 죄책감이 아니라, 삶을 모험하고 싶다는 충동을 상기합니다. 예수님이 모범을 보인 것처럼 나는 위험을 무릅쓰고 뛰어들며, 경기에 내 삶을 겁니다. 또한 나는 삶을 모험하는 것이 어떤 경우에도 바람직한 일임을 신뢰합니다. 외적으로 어떤 반응이 오든 그렇게 신뢰합니다. 무엇보다 결정적인 것은 하느님이 내게 믿고 맡긴 삶을 진정으로 사는 일, 내 삶의 자취를 의식적으로 이 세상에 새기는 일입니다. 아무쪼록 여러분의 삶이 이 세상에 희망과 신뢰와 사랑의 자취를 남기기를, 여러분을 통해 이 세상이 조금 더 밝고 희망차기를, 이 세상이 더 따뜻하고 사랑에 넘치기를 바랍니다.

| 참고 문헌 |

Ladislaus BOROS, *Aus der Hoffnung leben. Zukunftserwartung in christlichem Dasein*, Mainz 1992.

Viktor FRANKL, *Der Mensch auf der Suche nach Sinn*, Wien 1989.

——, *Die Kunst, sinnvoll zu leben. Bericht über die Jubiläumstagung zum 90. Geburtstag von Viktor Frankl*, Tübingen 1996.

René GOETSCHI, *Der Mensch und seine Schuld. Das Schuldverständnis der Psychotherapie in seiner Bedeutung für Theologie und Seelsorge*, Einsiedeln 1976.

Walter GRUNDMANN, *Das Evangelium nach Matthäus*, Berlin 1968.

Ludwig VON HERTLING, *Lehrbuch der aszetischen Theologie*, Innsbruck 1930.

Grégoire JOTTERAND, *Mystik als Heilsweg. Von narzisstischer Grandiosität zur Demut am Beispiel des "Kleinen Weges" der Sainte Thérèse de Lisieux*, Freiburg 2007.

Otto F. KERNBERG, *Narzißmus, Aggression und Selbstzerstörung. Fortschritte in der Diagnose und Behandlung schwerer Persönlichkeitsstörungen*, Stuttgart 2006.

Friedrich KÜMMEL, "Hoffnung", in: *Theologische Realenzyklopädie*, Band 15, Berlin 1986.

Manfred LÜTZ, *Irre. Wir behandeln die Falschen. Unser Problem sind die Normalen*, Gütersloh 2009.

Gabriel MARCEL, *Homo viator. Philosophie der Hoffnung*, Düsseldorf 1949.

Ursula NUBER, *Die Egoismusfalle. Warum Selbstverwirklichung so oft einsam macht*, Zürich 1993.

Antoine DE SAINT-EXUPÉRY, *Die Stadt in der Wüste*, Düsseldorf 1959.

Hans SCHMID, *Jeden gibt's nur einmal*, Stuttgart 1981.

| 옮긴이의 말 |

오늘날 우리 사회는 피상적이며 거짓된 가치, 온갖 유혹, 소비의 홍수 속에서 본질을 잃어 갑니다. 많은 사람이 '때'를 놓치며 자신의 삶을 제대로 이끌지 못합니다. 이 같은 현상에 비추어 볼 때 이 책은 더없이 현실적인 주제를 다루고 있습니다.

저자는 사람들이 삶을 놓치는 현상을 성경적·철학적·심리학적으로 폭넓게 조명하되, 자신의 체험과 다양한 사례를 들어 쉬우면서도 깊이 있게 설명합니다. 각각의 주제 끝에 달린 '예수님의 대답'도 그분께 직접 가르침을 받는 것 같아 마음에 더 와닿습니다. 저자는 삶을 놓치는 원인으로 나르시시즘과 안전장치, 의미 결여를 들며, 무엇보다 용기를 내라고 합니다. 청년이든 중년이든 노년이든 하루하루 능동적으로 사는 자세가 필요합니다. 한탄이 아닌, 날마다 삶에 새롭게 도전할 용기가 필요합니다. 저자가 강조하듯, 뭔가를 시작하기에 너무 늦은 때란 없습니다.

우리 그리스도인에게 주어진 사명은 자신의 과업으로 받아들인 일에 전력을 다하고, 이 세상과 주위 사람들에게 주의를 기울이며, 제 능력을 공동선에 쓰는 것입니다. 우리는 자아중심적 태도를 버릴 때 다른 사람들에게 관심을 기울일 수 있습니다. 과거에 정해 놓은 이상을 펼치지 못할까 봐 드는 불안, 강한 안전 욕구, 남들에게 의존하고 싶은 마음은 우리가 앞으로 나아가지 못하게 방해합니다. 남들의 생각에 지나치게 의존하면 그들의 삶을 자신의 삶으로 살 수 있습니다. 세상에는 우리에게 의미를 줄 만한 거리가 넘쳐 납니다. 우리는 무엇을 선택해야 할지 갈등하기 마련이며, 그러다가 결국 아무것도 결정하지 않기도 합니다.

이 책은 사람들이 삶을 놓치는 원인을 다양한 측면에서 규명하고, 이를 개선할 갖가지 방법을 제시합니다. 또한 영적 자극과 함께 인식 전환을 일으키며 삶을 긍정하도록 인도합니다. '희망'에 대한 장에서는 주제를 세분하여 다루면서 이와 관련된 영성을 살펴보며 우리가 나아갈 길을 구체적으로 가리켜 줍니다. 독자들이 이 책과 함께 자신의 삶을 더 깊이 돌아보고 사고의 지평도 더욱 넓히며 영성 성장도 보다 더 꾀할 수 있기를 바랍니다.

뜻깊은 글을 쓴 저자에게 존경을 표하며, 이 책을 우리말로 소개할 수 있도록 흔쾌히 허락한 분도출판사와 이 책이 출간되기까지 애쓴 분들에게도 감사를 전합니다.

2018년 녹음 짙은 계절에
황미하